AF500646

LA MÉDICATION CHLORURÉE - SODIQUE

AUX

THERMES SALINS

DE

BIARRITZ

PAR LE

Dr Fernand LAVERGNE

Ancien Interne des Hôpitaux de Paris

MEMBRE DE LA SOCIÉTÉ D'HYDROLOGIE MÉDICALE

Médecin Consultant à Biarritz.

BIARRITZ

[Imprime]rie et lithographie A. Lamaignère, rue du Château, 1.

1894

LA MÉDICATION CHLORURÉE - SODIQUE

AUX

THERMES SALINS

DE

BIARRITZ

PAR LE

Dr Fernand LAVERGNE

Ancien Interne des Hôpitaux de Paris

MEMBRE DE LA SOCIÉTÉ D'HYDROLOGIE MÉDICALE

Médecin Consultant à Biarritz.

BIARRITZ

Imprimerie et lithographie A. Lamaignère, rue du Château, 1.

1894

INTRODUCTION

La création d'un Etablissement Thermal Salin à Biarritz, dans ce ravissant pays, universellement connu, dont l'éloge n'est plus à faire, a été un gros événement pour tout le monde, médecins et malades. Si son importance n'a échappé à personne, c'est que, par sa situation au voisinage de l'Océan, par la qualité de ses eaux si abondantes et si richement minéralisées, il présente un énorme avantage : celui de permettre aux médecins, dans l'intérêt de leurs malades, d'utiliser à la fois les bons effets du bain thermal chloruré sodique, et ceux du climat marin. C'est là le côté original, la caractéristique de la médication, telle que nous la comprenons aux nouveaux Thermes Salins : nous ne craignons pas de le proclamer bien haut. Certes, nous n'ignorons pas que chez certains malades justiciables de la balnéation salée, le séjour au bord de la mer peut être nuisible. Mais ces cas-là sont rares, et d'habitude, au contraire, les contre-indications formelles, absolues du climat marin ; par exemple, l'asthme, l'albuminurie, les maladies du cœur, la tendance aux congestions actives; pour ne citer que les principales, s'appliquent également à la médication thermale chlorurée sodique. Par contre, dans la très grande majorité des cas appelés à bénéficier du traitement salin ; dans le lymphatisme, l'anémie, le rachitisme, l'atonie des enfants et des jeunes femmes, etc., qui osera nier les avantages de ces deux facteurs thérapeutiques combinés : le bain salé chaud et l'inhalation marine? Quant aux nerveux, chez lesquels on redoute, et si souvent à priori, *le séjour au bord de la mer, aucune règle absolue, qu'on nous permette de le dire, ne saurait être formulée à leur sujet, et tel malade réputé névropathe, s'accommode parfaitement du climat marin. Les moyens ne manquent pas, d'ailleurs, qui permettront au médecin, grâce à certaines conditions d'habitat, particulières à chaque localité, d'atténuer ce que l'air marin pourrait avoir de trop excitant...... Mais de plus longs détails sur ce sujet nous entraîneraient trop loin, et nous remettons à une date ultérieure de plus amples développements. Notre seul but, aujourd'hui, dans les quelques pages qui vont suivre, est de montrer aux médecins et aux malades ce que sont les Thermes Salins de Biarritz, d'en faire ressortir la bonne installation, et de résumer l'action physiologique et thérapeutique des eaux qui les alimentent.*

PREMIÈRE PARTIE

Les Eaux de Briscous

Eaux naturelles, froides, chlorurées, sodiques fortes, bromo-iodurées.

L'eau minérale naturelle, qui alimente l'Etablissement Thermal Salin de Biarritz, provient des puits salés de Briscous, petit village du pays basque, situé à douze kilomètres de Bayonne, sur la route de Bayonne à Bidache et à Oloron.

Les *Salines de Briscous* sont exploitées depuis cinquante ans. Elles appartenaient autrefois à la succession de la reine Marie-Christine de Bourbon, mais, en 1892, elles ont été achetées par de nouveaux propriétaires, qui ont doublé leur exploitation. Dès le début, un grand nombre de puits avaient été ouverts. Actuellement un seul, le meilleur, a été conservé, c'est le puits de la saline *du Centre*.

Nous ne pouvons entrer ici dans de longues considérations sur la *structure géologique* de Briscous et de ses environs. Nous dirons seulement que tous les gisements de sel des Basses-Pyrénées ont la même origine, et semblent remonter à la même époque géologique. Ceux de la région de Briscous, à l'instar de ceux d'Oràas, qui alimentent en partie Salies-de-Béarn, sont situés dans les terrains *triasiques*. (Consulter à ce sujet : de Margerie et Schrader : *Aperçu de la Structure Géologique des Pyrénées*, *Annales du Club Alpin, 1891* ; Seunes : *Recherches sur les terrains secondaires et l'Eocène inférieur de la région sous-pyrénéenne du Sud-Ouest de la France*. Th. Doctorat, 1890. — Mettrier : *Association Française pour l'avancement des sciences*, Pau, 1892).

Origine des gîtes de sel.

Toutes les formations, minérales ou autres, ont une origine *éruptive* ou une origine *sédimentaire* : *éruptive*, quand elles résultent de l'épanchement de matières internes provenant du noyau du globe et remontées dans les fissures de l'écorce terrestre ; *sédimentaire*, quand elles ont été déposées par l'eau salée (dépôts marins) ou l'eau douce (dépôts lacustres) qui les tenait en suspension ou en dissolution.

Dans le cas qui nous occupe, l'origine sédimentaire est celle qui se présente la première à l'esprit ; nous voyons journellement extraire le chlorure de sodium des mers qui baignent nos rivages ; n'est-il pas naturel d'admettre que les bancs de sel gemme que l'on rencontre dans les profondeurs du sol proviennent de mers qui autrefois le tenaient en dissolution :

Ce n'est cependant pas l'origine sédimentaire que les géologues assignent en général aux formations salines ; beaucoup croient, avec Elie de Beaumont, à leur origine éruptive. Voici les principaux arguments en faveur de cette solution :

En supposant que les gisements de sel aient une origine sédimentaire, on ne peut pas admettre que le sel s'est déposé peu à peu de l'eau qui le tenait en dissolution, comme l'eût fait une matière simplement en suspension, mais non dissoute. Il faut pousser jusqu'au bout l'assimilation entre le sel gemme et les mers anciennes d'une part, et le sel marin et les mers actuelles d'autre part ; et de même qu'aujourd'hui, pour extraire le sel, il est nécessaire de faire évaporer l'eau de mer, de même il faut admettre que les gisements de sel gemme proviennent de l'évaporation d'anciens bassins maritimes. Mais cette explication est rendue bien difficilement acceptable par les épaisseurs quelquefois énormes qu'atteignent les formations salines ; celle d'Oràas a été recoupée sur une profondeur de 90m ; celle de Stassfurth l'a été sur une hauteur de 170m ; on en connaît de plus considérables encore. Qu'on juge par là de l'épaisseur qu'il faudrait assigner aux nappes liquides qui, après évaporation, auraient pu laisser un résidu semblable ?

Le sel gemme offre aussi quelquefois avec le sel marin des différences de composition notables : ainsi, le sel lorrain ne contient ni chlorure de magnésium, ni traces d'iode ou de brome ; aussi E. de Beaumont a-t-il fait ressortir combien il était peu probable qu'il fût le résultat d'une évaporation naturelle survenue dans les lagunes marines ; il a indiqué, au contraire, l'analogie que présentent ces gisements avec certains produits immédiatement dérivés de l'activité éruptive (de Lapparent, *Traité de géologie,* p. 802).

Cette raison n'existe pas pour les eaux de Briscous qui contiennent, comme l'eau des mers actuelles, les principes qui manquent aux sels des Vosges ; mais des raisons plus convaincantes que celle qui précède militent en faveur de son origine éruptive. Il y a eu en Europe, à partir de l'époque triasique, une période métallifère très générale, pendant laquelle les fentes de l'écorce terrestre ont reçu, sous forme de filons concrétionnés, des minerais principalement plombifères. Plus tard, c'est-à-dire aux époques éocène et miocène, les dislocations qui ont donné naissance aux Pyrénées et aux Alpes principales, ont ramené une seconde période métallifère très analogue à la première. Il est remarquable que ces deux périodes ont été caractérisées l'une et l'autre par d'abondants dépôts de chlorure de sodium et de sulfate de chaux. Cette concomittance, depuis longtemps signalée par E. de Beaumont pour la période triasique, fournit un puissant argument en faveur de l'origine interne des principaux dépôts de sel gemme et de gypse, notamment de ceux de Briscous, en pleine région pyrénéenne.

Rappelons enfin qu'il y a, à l'ouest de Briscous, des affleurements d'*ophites ;* que les affleurements de cette roche sont le plus souvent accompagnés de sources salines plus ou moins thermales ; cette association du sel avec une roche évidemment éruptive, semble bien être un argument en faveur de la thèse que nous soutenons.

Les terrains à travers lesquels le puits *du Centre* a été foré sont vraisemblablement des marnes bigarrées et gypseuses , succédant immédiatement aux terrains de transport. On trouve l'eau salée à une profondeur de 40 mètres : aussitôt la nappe atteinte, elle s'élève à 13 mètres au-dessous de la surface du sol.

Caractères Physiques.

L'eau est limpide, inodore, et de saveur très salée ; neutre au papier de tournesol. Sa température est de 14° ; elle pèse 24°2 à l'aréomètre : cette densité est constante ou subit des variations si insignifiantes que nous n'aurons pas à nous en préoccuper.

Le *débit de la source* est de 600 mètres cubes en 24 heures, et pourrait être considérablement augmenté, s'il en était besoin, ainsi que le prouve le rapport suivant, dû à M. Mettrier, ingénieur des Mines :

Procès-verbal de visite aux salines de Briscous :

Le 7 novembre 1892, nous avons visité l'établissement des Vieilles Salines de Briscous, récemment acheté par M. Hézard, propriétaire à Pau.

Des six anciennes salines qui existaient autrefois en ce point, il n'en subsiste que trois, alimentées aujourd'hui par un puits unique, dit puits *du Centre*. Ce puits, très ancien, a atteint, à la profondeur de 40^m environ, une nappe d'eau salée très abondante ; on n'a pas de renseignements sur les terrains qu'il a traversés et qui ont vraisemblablement consisté en marnes bigarrées et gypseuses, succédant immédiatement aux terrains de transport.

Lors de notre visite, M. Hézard faisait exécuter des expériences de pompage sur le puits *du Centre*, afin de déterminer le volume d'eau salée qu'on pouvait normalement en extraire. Deux pompes étaient en activité sur le puits, l'une qui sert habituellement à l'alimentation de la saline, d'un débit de 11^{m3} par heure, et l'autre consistant en une pompe centrifuge Dumont, dont nous avons mesuré le débit, qui a été trouvé de 32^{m3} par heure ; ces pompes étaient placées à une profondeur de $10^{m}50$ dans le puits, et leurs tuyaux descendaient à des profondeurs respectives de 35^{m} pour la petite et de 19^{m} pour la grande.

Les expériences de pompage ont été effectuées du 3 novembre, à 9 heures du soir, au 10 novembre, à midi, sans autres interruptions que celles nécessaires à l'entretien des moteurs et des pompes. D'après les durées de travail portées au registre des opérations et les débits des pompes, il a été extrait, durant cet intervalle de 6 jours 9 heures, 4,228 mètres cubes d'eau saturée, sans qu'il en soit résulté la moindre baisse finale dans l'eau du puits, ce qui permet de conclure que celui-ci peut normalement fournir un débit minimum en eau saturée de 626 mètres cubes par 24 heures, pour le niveau moyen auquel descendaient les tuyaux d'aspiration des pompes (*25^{m} au-dessous du sol*).

D'une façon normale, l'eau afflue dans le puits à 13^{m} au-dessous de la surface ; or, nous avons constaté, le 7 novembre (et il en a constamment été de même), qu'au bout d'un quart d'heure de pompage, elle s'abaisse de $1^{m}50$ à 2^{m} pour ne décroître ensuite que beaucoup plus lentement ; il n'a pas été possible de la faire descendre à plus de 4^m15 en contre-bas de son niveau habituel. De plus, lors de ses arrêts, l'eau étant à 3^m95 au-dessous du repère initial, la remontée était de 2^m05 dans les sept premières minutes ; la section du puits étant de 2^m25, cette remontée correspond à un débit de 950^{m3} par 24 heures entre les niveaux de 15 à 17^m au-dessous du sol. L'eau ne remonte plus ensuite que lentement et atteint une hausse de 2^m60 au bout des huit minutes suivantes, ce qui correspond, pour la totalité de la période de 15 minutes envisagée, à une venue de 561^{m3} par 24 heures, entre les niveaux de 14 et 17^m au-dessous du sol.

Il résulte de ces intéressantes expériences que le puits de Briscous est susceptible de fournir d'une façon normale et continue *un débit minimum de* 600^{m3} *d'eau* saturée, au niveau de 25^m au-dessous du sol : *le débit maximum normal*, à la même profondeur, *peut d'ailleurs être beaucoup plus considérable*, puisque la venue instantanée atteint encore 950^{m3} à la profondeur de 15 à 17 mètres.

Le puits est boisé et en bon état, et l'exploitation des salines ne donne lieu à aucune observation.

Transmis au concessionnaire, en l'invitant à le transcrire sur le registre d'avancement.

L'Ingénieur des Mines,

Signé : METTRIER.

Bordeaux, le 16 février 1893.

L'Ingénieur en Chef des Mines,

Signé : L. VITAL.

L'alimentation de l'établissement de Biarritz est donc largement assurée. En comptant 250 litres d'eau par bain, et en supposant, ce qui est loin d'être la moyenne, que tous les bains fussent pris entièrement salés, on pourrait donner 2,400 bains par jour !

COMPOSITION CHIMIQUE

Elle ressort des analyses suivantes :

MINISTÈRE
DES
TRAVAUX PUBLICS

ECOLE NATIONALE
des
Ponts et Chaussées

LABORATOIRE

EXTRAIT DU REGISTRE DES ESSAIS

Un échantillon d'eau salée adressé par M. Hézard avec certificat d'origine délivré par M. le Maire de la commune de Briscous (Basses-Pyrénées).

Cette eau était présentée comme provenant d'un puits situé dans la saline dite *du Centre, à Briscous* (Basses-Pyrenées).

L'analyse a fourni les résultats suivants :

MATIÈRES EN SOLUTION PAR LITRE

Soude	157.329
Potasse	1.773
Chaux	1.405
Magnésie	1.528
Alumine et Peroxide de fer	0.003
Lithine	traces.
Chlore	180.420
Brome	0.063
Acide sulfurique	5.637
Silice	0.008
Matières non dosées et pertes	0.009
TOTAL	348.155

A déduire :

Oxygène correspondant au chlore et au brome....................	40.655
Résidu par litre.........	307.500

Cette eau, qui était louche, renfermait 0gr025 de matières en suspension ; après filtration, sa densité prise à 15° est de 1.1959.

Paris, le 13 Février 1893.

Vu et vérifié par l'Inspecteur général

chargé de la Direction des Laboratoires,

Signé : Durand Claye.

L'Ingénieur des Ponts et Chaussées

adjoint à la Direction des Laboratoires,

Signé : Debray.

LABORATOIRE DE CHIMIE

A. MARET & Ch. DELATTRE

18, rue Visconti, Paris.

Analyse de l'eau de la Saline de

BRISCOUS

(PUITS DU CENTRE)

Densité à l'aéromètre................	24°,2
Résidu sec........................	307 790
Chlorure de sodium................	295 659
— de potassium...............	2 608
— de magnésium..............	»
— de calcium.................	»
— de lithium.............. ..	Traces
Bromure de sodium................	0 167
Iodure de sodium..................	Traces
Sulfate de chaux	3 375
— de magnésie	4 707
— de soude	0 990
Silice, fer, alumine................	0 090
Matières org. et divers..............	0 194
TOTAUX des résidus secs......	307 790

Ces analyses permettent de ranger l'eau de Briscous parmi les *eaux froides*, *chlorurées-so-*

diques fortes, *bromo-iodurées*, au même titre que Salies-de-Béarn, Besançon, etc. En outre, la quantité colossale de chlorure de sodium qu'elle renferme, fait d'elle la source la plus minéralisée parmi les chlorurées-sodiques connues. Le tableau suivant, extrait d'une *Note sur les sources salées de Briscous et les Thermes Salins de Biarritz*, permet d'en juger :

Composition chimique des Eaux Salées et des principales sources chlorurées sodiques de la France & de l'étranger.

ÉLÉMENTS MINÉRALISATEURS	EAUX SALÉES (PAR LITRE)						
	BRISCOUS BIARRITZ (Maret & Delattre)	SALIES DE BÉARN (Wilm)	MISEREY (Besançon)	SALINS DU JURA	BEX (Suisse)	KREUZNACH (Prusse)	ISCHL (Autriche)
Densité à l'aréomètre ..	24°2	21°5	24°	3°6	13°5	1°5	23°5
Résidu sec	307.790	256.240	298.032	26.000	168.580	11.844	244.770
Chlorure de sodium	295°659	215°449	283°800	22°745	156°668	9.520	233.610
— de potassium.	2.608	2.304	0.917	0.256	2.654	0.126	»
— de magnésium	»	»	2 428	0.870	1.077	0.032	1.540
— de calcium ...	»	»	4.037	»	»	1.733	0.440
— de lithium	traces	0.017	»	»	»	»	»
Bromure de sodium	0.167	0.162	0.118	0.031	0.014	0.040	0.050
Iodure de sodium	traces	traces	traces	traces	traces	0.003	»
Sulfate de chaux	3.375	2.740	»	1.417	6.759	»	2.040
— de magnésie....	4.707	3.576	»	»	1.018	»	0.590
— de soude	0.990	0.667	6.732	0.681	»	»	5.600
Silice fer alumine	0.090	0.184	traces	»	0.003	0.003	0.400
Matières organ. et divers	0.194	1.141	»	»	0.387	0.387	0.500
TOTAUX des résidus secs.	307.790	256.240	298.032	26.000	168.580	11.844	244.770

Cette énorme minéralisation impose au médecin, ainsi que nous le verrons plus loin, l'obligation de mitiger l'eau salée d'eau douce, dans de nombreux cas, mais, par contre, elle est précieuse dans le traitement de beaucoup de maladies justiciables des bains pur sel ; par exemple, dans le rachitisme et la scrofulo-tuberculose osseuse.

Nous devons aussi faire ressortir l'importance considérable de certains principes prédominants ou simplement constituants de ces eaux.

Ainsi, le *chlorure de sodium* existe dans tous les tissus et dans toutes les humeurs de l'organisme ; il a une influence considérable sur la nutrition ; l'économie subit des troubles graves si on ne lui en fournit pas la quantité nécessaire ; la privation du sel rend albuminurique et hydropique ; sous son influence les échanges nutritifs et les sécrétions sont accrus ; l'oxydation est augmentée ; les combustions sont plus vives ; le travail de désassimilation est plus actif ; bien que l'alimentation soit considérable, l'organisme ne peut guère engraisser ; la chaleur se transforme en mouvement et celui-ci se traduit extérieurement par une énergie plus grande...... ; le chlorure de sodium retarde la destruction des hématies et augmente l'excrétion de l'urée, etc.

Le *chlorure de potassium* donne aux tissus musculaires la force et la contractilité.

Les *bromures* ont des propriétés sédatives contro-stimulantes bien connues.

Il en est de même des propriétés fondantes et résolutives des *iodures*, de l'iodure de sodium en particulier.

La prédominance de ces principes permet, jusqu'à un certain point, de pressentir les effets physiologiques et, partant, les effets thérapeutiques de nos eaux. Ce serait toutefois une grosse erreur que de vouloir créer une analogie absolue entre les effets du chlorure de sodium et ceux de la médication chlorurée sodique. Il serait injuste aussi d'attribuer exclusivement à ces mêmes principes les bons effets de cette médication ; il faut tenir grand compte des autres corps qui existent à côté d'eux et qui, bien que moins abondants et moins en relief, ont aussi leur importance. Durand-Fardel a fait récemment, à ce sujet, une intéressante communication à la Société d'Hydrologie. *(Des applications de la méthode analytique à l'étude de la thérapeutique*, tome 35, *Annales de la Société d'Hydrologie.)*

S'il est vrai, dit-il, que la thérapeutique contemporaine se base, d'une part, sur l'analyse des agents médicamenteux, et d'autre part, sur l'analyse de leurs effets physiologiques, on ne saurait appliquer cette méthode à la thérapeutique des eaux minérales. L'analyse est ici plus difficile à faire, car une eau minérale « est un agrégat de principes chimiques qui se sont associés avec des caractères et dans des proportions déterminées, durant la migration de l'eau minérale, d'une profondeur quelconque du globe terrestre à la superficie. L'analyse chimique isole chacun de ces éléments et nous les met sous les yeux avec une étiquette particulière »; mais celle-ci n'est nullement l'image fidèle de ce qu'est, en réalité, une eau minérale, car nous ignorons absolument les réactions moléculaires qui ont dû se produire entre les divers principes, dans des conditions de température et de pression inconnues aussi. — Des aliments que nous ingérons, l'économie utilise seulement certains principes qu'elle considère comme propres à la rénovation de nos tissus. Est-ce à dire que les autres, inertes en apparence, n'ont aucune utilité? Assurément non, puisque l'on n'a jamais pu nourrir quelqu'un par l'usage exclusif des premiers.

Il est donc probable que les principes dominants, ou paraissant tels, d'une eau minérale, ne doivent leur puissance thérapeutique qu'au voisinage de principes multiples, peu actifs ou inactifs par eux-mêmes.

Quand il s'agit des eaux chlorurées sodiques, plus encore que lorsqu'il s'agit des bicarbonatées sodiques ou des sulfurées, il est difficile de conclure, par analogie, des effets de leur principe prédominant, le chlorure de sodium (auquel s'ajoutent généralement les bromures) à ceux de l'eau minérale elle-même. Le chlorure de sodium, en effet, quelle que soit son importance dans l'alimentation, dans l'évolution des êtres organisés, est peu employé en thérapeutique. Il l'est, en tous cas, à faible dose, et son usage est surtout interne. Par contre, l'action thérapeutique des chlorurées sodiques est bien connue. La pratique de ces eaux est à peu près exclusivement balnéaire, et leur richesse de minéralisation est très considérable.

Ces considérations s'appliquent absolument aux eaux de Briscous, et sans vouloir en rien diminuer l'importance des analyses chimiques, nous ne pouvons que conclure avec Durand-Fardel « qu'une eau minérale représente un tout, « dont il n'est permis, pour l'étude analytique des « effets qui s'y rapportent, de détacher aucune des « parties dont elle se compose ».

Quoi qu'il en soit, cette richesse de minéralisation rend facile l'*extraction industrielle* du sel.

Pour cela, une pompe à piston, mue par une locomobile de 3 à 4 chevaux, aspire l'eau salée et l'élève dans de grandes cuves en bois. Là, on la mélange à une certaine quantité de *chaux*, destinée à la débarrasser des matières terreuses, argileuses, auxquelles elle pourrait être mélangée. Finalement l'eau est conduite dans de grandes *poêles*, en tôle de fer, ouvertes par le haut, noyées par le bas dans un massif de maçonnerie, et chauffées à l'aide d'un foyer. Le chauffage se fait au bois ou à la houille.

Examinons ce qui se passe dans une cuve que l'on vient de remplir d'eau salée. La température, qui est de 12° environ, s'élève progressivement : le liquide s'échauffe et s'évapore. Bientôt il ne reste plus dans la cuve qu'une quantité de liquide strictement suffisante pour tenir en dissolution tout le sel : la liqueur est alors *saturée*. A partir de ce moment, l'évaporation de toute nouvelle quantité d'eau est accompagnée des dépôts d'une quantité proportionnelle de sel, et nous assistons à une véritable cristallisation de ce sel. Nous savons que, dans toute cristallisation, les cristaux sont obtenus d'autant plus gros qu'on maintient plus tranquille la dissolution dans laquelle ils se forment : cela nous explique pourquoi, quand on veut obtenir du gros sel, on chauffe des cuves d'une dimension beaucoup plus grande que si on veut obtenir du sel fin : avec un foyer d'égale intensité, il est évident que l'ébullition est moins vive, et l'agitation de la masse liquide moins grande dans le premier cas que dans le second.

Le chlorure de sodium cristallise donc ; et il est seul à cristalliser. En effet, comme il est contenu dans l'eau en quantité beaucoup plus grande que les autres substances, le moment où, par suite de l'évaporation, le liquide est saturé de chlorure de sodium, et par conséquent incapable de le conserver tout en dissolution, si l'évaporation continue, est atteint bien avant que ce même liquide soit aussi saturé des autres substances.

A un moment donné cependant, la presque totalité du chlorure de sodium s'est déposée ; il ne reste alors dans la cuve qu'une liqueur concentrée, l'*eau-mère*. Si l'on poussait l'opération encore plus loin, les autres substances se précipiteraient à leur tour et viendraient souiller le sel déjà déposé. On remplit alors de nouveau la cuve d'eau salée et une nouvelle opération recommence, qui va augmenter la quantité de sel déposé, et la quantité d'eau-mère — le tout sans éteindre le feu sous la cuve — ; cela fait, on renouvelle la même série d'opérations.

L'*eau-mère* ainsi obtenue marque 24 à 26° à l'aréomètre de Beaumé; par évaporation, on peut l'amener à 34 ou 35° environ.

Par refroidissement, elle se dépouille d'une partie des sels qu'elle contient. Cette eau à 34 ou 35° est très salée, très amère, légèrement sirupeuse. Voici son analyse, d'après MM. Maret et Delattre :

Eaux-Mères des Salines de Briscous.

Densité à 15°	1.280
Résidu sec par litre	418.403

Sulfate de chaux	traces.
» de magnésie	9.030
» de soude	10.650
» de potasse	15.244
Chlorure de magnésium	257.176
» de sodium	99.971
» de potassium	14.596
» de lithium	1.150
Bromure de magnésium	10.215
Iodure de magnésium	0.013
Silice, alumine, oxyde de fer	0.358
TOTAL	418.403

Paris, le 1er Mars 1893.

Signé : MARET ET DELATTRE.

Cette analyse établit la présence, dans l'eau-mère, des principes précieux au point de vue thérapeutique ; notamment celle du bromure de magnésium (10 gr. 215). — Nous n'avons plus besoin d'expliquer, après ce que nous avons dit, pourquoi les eaux-mères sont beaucoup plus riches que l'eau naturelle en produits secondaires : dans un litre d'eau-mère se trouvent accumulés les principes qui se trouvent disséminés dans un nombre beaucoup plus grand de litres d'eau naturelle.

Nous avons qualifié les eaux-mères de produit successif; il peut en effet exister toute une gamme d'eaux-mères qui ne diffèrent entre elles que par le degré de concentration. Dans la pratique, on prépare trois espèces d'eaux-mères, qui ne diffèrent entre elles que par leur degré de concentration.

La première est celle qu'on retire des cuves d'évaporation en même temps que le sel qui s'y est accumulé, et qui marque environ 25° à l'aréomètre. C'est celle que l'on emploie à l'Etablissement pour additionner les bains d'eau salée.

Si on reprend cette eau-mère dans une cuve, et qu'on la soumette à une évaporation lente, à l'aide d'une chaleur très douce, elle abandonne encore de nouveaux dépôts. Le premier de ces dépôts est constitué par du sel qui peut être ajouté au sel comestible déjà obtenu. Les dépôts suivants constituent les *sels secs d'eaux-mères*, dont nous verrons plus tard l'utilisation. Si dans cette concentration on s'arrête quand l'eau-mère marque 28° à l'aréomètre, on a la seconde espèce d'eaux-mères, utilisée pour l'application des *compresses*. Si on la pousse jusqu'à 34° environ, on a la troisième espèce qui est utilisée avec les sels secs d'eau-mère pour les bains concentrés.

La *comparaison des eaux-mères de Briscous avec les autres eaux-mères* est facile à faire, d'après le tableau suivant, que nous empruntons au travail déjà cité :

Composition chimique des Eaux-Mères des principales sources chlorurées sodiques de la France et de l'étranger.

ÉLÉMENTS MINÉRALISATEURS	EAUX-MÈRES (PAR LITRE)						
	BRISCOUS BIARRITZ	SALIES-DE-BÉARN	MISEREY (Besançon)	SALINS DU JURA	BEX (Suisse)	KREUZNACH (Prusse)	ISCHL (Autriche)
Chlorure de sodium....	99.971	41.172	234.681	168.040	33.920	20.947	»
— de potassium. .	14.596	35.827	21.496	»	38.620	20.191	»
— de magnésium.	257.176	231.814	51.463	60.008	142.800	30.005	»
— de calcium... .	»	»	»	»	40.390	230.307	»
— de lithium.....	1.150	1.150	»	»	»	»	»
Bromures divers.......	10.215	10.313	2.250	2.842	0.650	0.770	»
Iodures divers.........	6.013	0.010	traces	traces	0.080	0.001	»
Sulfate de chaux.......	traces	»	0.952	»	»	»	»
— de magnésie...	9.030	15.055	»	»	»	»	»
— de soude.......	10.650	17.815	12.024	22.060	35.490	»	»
— de potasse......	15.244	21.830	»	65.585	»	»	»
Silice fer alumine......	0.358	»	traces	»	0.540	traces	»
TOTAUX des résidus secs.	418.403	377.887	322.866	318.535	292.490	302.346	»

Il est aisé de voir que les eaux-mères diffèrent entre elles comme les eaux salées dont elles dérivent. A *Salins*, c'est le chlorure de sodium qui domine ; à *Kreuznach*, le chlorure de calcium ; à *Briscous*, à *Salies-de-Béarn*, le chlorure de magnésium. Briscous et Salies renferment la même quantité de bromures. Dans ces deux stations, l'eau-mère est ajoutée au bain, à titre presque exclusif de correctif de la médication salée, dans ce qu'elle a de trop excitant. A Kreuznach, à Salins, on emploie l'eau-mère pour suppléer à une minéralisation insuffisante, pour saler le bain.

DEUXIÈME PARTIE

Conduite de l'Eau Salée de Briscous à Biarritz.

Nous devons à M. l'Ingénieur Mouly, Directeur des Thermes, les renseignements qui suivent, concernant la conduite de l'eau salée de Briscous à Biarritz, la distribution des eaux dans l'Etablissement, le mode de chauffage. Nous sommes heureux de le remercier ici de son extrême obligeance.

L'élévation de l'eau à Briscous, son refoulement à Biarritz sont obtenus à l'aide d'une machine à vapeur, et d'une pompe élévatoire, en bronze, aspirante et foulante, avec récipients d'aspiration et de refoulement. Le volume d'eau aspirée et refoulée est de 25 mètres cubes par heure de marche. Le point où se fait l'aspiration, dans le puits du Centre, est à 11 mètres en contre-bas du niveau de l'eau salée dans ce puits. Cette disposition a été adoptée, avec raison, pour atteindre, par l'aspiration, les couches très denses, et, par suite, très salées de la masse d'eau souterraine. La hauteur ascensionnelle, comptée du niveau de l'aspiration, au réservoir dit de *Mouguerre*, est de 97 mètres. Mais, pour tenir compte du frottement dans la conduite ou *perte de charge*, et de la densité de l'eau salée, il a falu compter sur une hauteur ascensionnelle de 109 mèt. 69, et sur un travail effectif de 12 chevaux-vapeur, calculés en eau montée, correspondant à environ une force de 18 chevaux indiqués sur les pistons, la machine fonctionnant à une vitesse de 45 tours par minute et sous une pression effective de vapeur de 6 kilos.

La *machine à vapeur* est du système vertical, à deux cylindres, avec balancier supporté par une colonne centrale, à détente et à condensation. Le condensateur est muni d'un appareil indicateur de vide. Les cylindres à vapeur sont montés dans une enveloppe en fonte de circulation de vapeur, et cette enveloppe est elle-même recouverte d'une enveloppe en bois garnie de calorifuge. Sur la colonne de refoulement, après la pompe, est placé un grand réservoir d'air, pour régulariser le mouvement de l'eau dans la colonne ascensionnelle.

La *chaudière à vapeur* est du système ordinaire à corps cylindrique, avec deux bouilleurs inférieurs, plus un bouilleur alimentaire ou *réchauffeur*.

Machine et pompes étant en marche, l'eau salée est aspirée et refoulée dans une conduite en fonte de o mèt. 155 de diamètre. Celle-ci part du puits, passe sous l'accotement de la route départementale n° 23, et vient aboutir à un réservoir en maçonnerie, le *réservoir de Mouguerre*, ainsi appelé parce qu'il est situé presque en face du village de ce nom. Il est à 4 kilom. 500 de la Saline et à la cote 84. C'est l'altitude maxima que doit atteindre la canalisation de Briscous à Biarritz. De ce réservoir part une nouvelle canalisation en fonte, mesurant o m. 125 de diamètre ; celle-ci suit la route de Briscous à Bayonne, passe sous les terrains et glacis des fortifications qu'elle contourne au Sud, en traversant la Nive, sous la chaussée du pont du Génie, et arrive ainsi à la route nationale n° 10, de Bayonne en Espagne. Elle la suit, sous le trottoir de gauche, jusqu'au village d'Anglet. Là, elle prend l'embranchement de Biarritz en passant sous le trottoir de droite. Avant d'arriver à Biarritz, presque en face des Thermes Salins, la canalisation se détache de la route et vient déboucher dans un réservoir en maçonnerie, placé à l'altitude de 47 m. 50 environ. Ce réservoir, dit de *Haraout,* absolument étanche, peut contenir 1,200 mètres cubes d'eau salée. Une *crépine*, posée à 0 m. 20 environ au-dessus du fond du réservoir, donne passage à l'eau salée. Celle-ci, par la seule action de la pesanteur, et conformément au principe des vases communiquants, arrive à l'Etablissement thermal dans une colonne ascensionnelle de 22 mèt. de hauteur, jusqu'à l'altitude de 42 mètres environ.

Le profil en long de cette canalisation est figuré dans la planche n° 7.

Des ventouses ou robinets à air sont placés à tous les sommets de la canalisation.

Elles sont ouvertes pendant les périodes d'amenée de l'eau salée de Briscous à Biarritz, et avant l'arrivée de l'eau, de manière à permettre son passage, en purgeant l'air de la canalisation. Des robinets d'arrêts de l'eau et de vidange sont placés aux points déclives, sur la Nive et sur les divers ruisseaux dans lesquels l'eau salée peut se déverser sans inconvénients.

Distribution des Eaux (douce et salée) dans l'Etablissement.

Du réservoir de *Haraout, l'eau salée* arrive à la tour de l'Etablissement dans des conduites en fonte de 0.10 centimètres de diamètre.

Il en est de même de l'*eau douce*, provenant d'un second réservoir placé à côté de celui-de l'eau salée, et alimenté par les eaux d'une galerie de captage située à 1 kilomètre de là. Deux colonnes ascensionnelles, de même diamètre, s'élèvent parallèlement, et amènent aussi l'eau douce et l'eau salée jusqu'au haut de la tour, alimentant successivement les divers bacs situés à ses quatre étages différents.

Au premier étage, dont le plancher est à la cote 27.95 (voir dessin n° 2) sont placés deux bacs en tôle pour l'eau salée, exclusivement affectés au service des bains; l'un contient environ 10,500 litres d'eau salée *chaude*, l'autre 7,000 litres d'eau salée *froide*. Ces deux eaux arrivent dans ces réservoirs par des conduites en plomb, distinctes, branchées sur la colonne ascensionnelle et fermées par des *robinets à flotteurs*. Lorsque le bac est plein, le flotteur ferme le robinet d'arrivée ; lorsque le niveau baisse dans le bac, le flotteur baisse aussi ; le robinet d'amenée s'ouvre automatiquement, et le bac se remplit. Au deuxième étage de la tour, dont le plancher est à la cote 31 m. 80, se trouvent deux bacs d'*eau douce*, chaude dans l'un, froide dans l'autre, exclusivement affectés au service des bains, et de même contenance que les bacs du premier étage.

Au deuxième étage (cote 37 m. 80) sont placés deux autres bacs d'eau salée contenant : l'un, 6,000 litres d'eau chaude ; l'autre, 4,000 litres d'eau froide. Ils alimentent spécialement les trois salles de douche à l'eau salée. Enfin, au quatrième étage (cote 40 m. 30) se trouvent deux réservoirs d'eau douce, l'un d'eau douce chaude, l'autre d'eau douce froide. Leur contenance est celle des réservoirs placés au troisième étage. Ils sont exclusivement destinés au service des deux salles de douches à l'eau douce.

Les salles de douche d'eau salée des premières classes étant à la cote 23 m. 50, et le niveau de l'eau salée dans les bacs qui alimentent ces douches étant à la cote 39 mèt., on voit que les douches d'eau salée des premières classes sont à une pression de 39 mèt. — 23 m. 50 = 15 m. 50 d'eau salée, ce qui équivaut (1 m. 20 étant la densité de l'eau salée) à une pression de 15 m. 50 × 1 m. 20, soit 18 mèt. 60 d'eau douce. Les douches d'eau salée des deuxièmes classes et les douches d'eau douce ont des pressions plus élevées encore.

Une disposition spéciale de la tuyauterie et de la robineterie permet d'alimenter directement les salles d'hydrothérapie avec de l'eau de la ville de Biarritz, de façon à pouvoir donner aux douches froides une plus forte pression et une plus

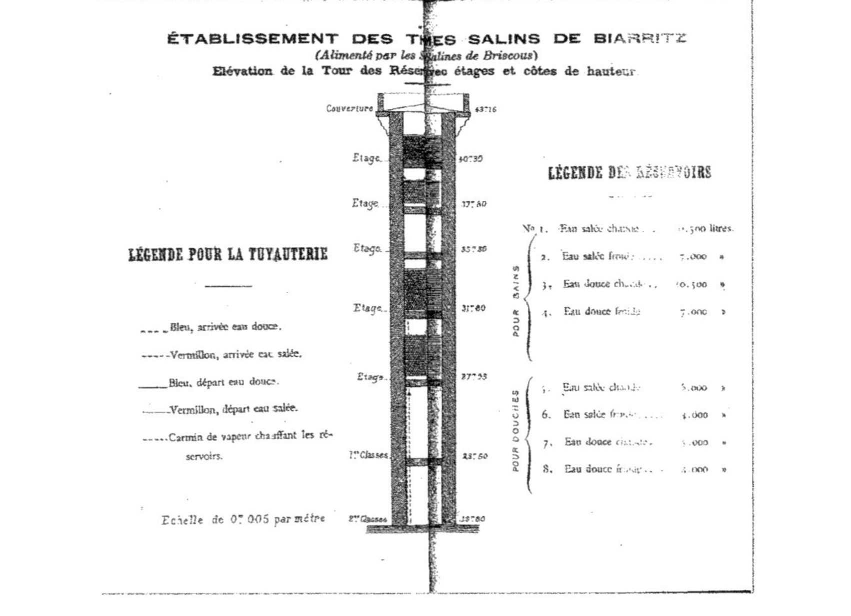

ÉTABLISSEMENT DES
SALINS DE BIARRITZ
(Alimenté par les
de Briscous)
Élévation de la Tour des
étages et côtes de hauteur
LÉGENDE POUR LA TUYAUTERIE
Bleu, arrivée eau douce.
Vermillon, arrivée eau salée.
Bleu, départ eau douce.
Vermillon, départ eau salée.
Carmin de vapeur chauffant les réservoirs.
Echelle de 0m 005 par mètre
Couverture
Etage
Etage
Etage
Etage
Etage
1res Classes
2es Classes
40.30
37.80
35.30
31.80
27.33
23.50
19.80
LÉGENDE DES
POUR BAINS
POUR DOUCHES
No 1. Eau salée
litres.
2. Eau salée
7.000
3. Eau douce
10.500
4. Eau douce
7.000
Eau salée
5.000
6. Eau salée
4.000
7. Eau douce
8. Eau douce

basse température (l'eau douce froide qui provient du bac n° 8 de la tour est, en effet, par suite du chauffage des bacs voisins, et de sa situation dans la tour, à une température plus élevée que l'eau des conduites souterraines de la ville). Ajoutons que chaque salle de douche a sa canalisation spéciale. De cette façon, dans l'hypothèse même de la marche simultanée des cinq salles de douches, la pression ne subit aucune diminution. On sait, en effet, que toute prise d'eau, faite dans une conduite, diminue la pression dans cette conduite et, par suite, dans les autres prises.

De chacun des bacs de la tour part :

1° Un tuyau, pourvu d'un robinet, qui descend le long des parois de la tour, et se rend dans les sous-sols de l'établissement au droit et au-dessous des baignoires. Celles de 1re classe sont situées immédiatement au-dessus de celles de 2e classe ;

2° Un tuyau de vidange ;

3° Un tuyau de trop-plein.

Ces derniers vont se dégorger, aux sous-sols, dans des rigoles qui aboutissent à un égout, se déversant lui-même dans la mer. Il en est de même des eaux de vidange des baignoires.

Il est facile maintenant de se rendre compte de la distribution des eaux dans l'Établissement.

Quatre canalisations en fonte contenant :

La première, de l'eau salée à..... 60°
La deuxième, de l'eau salée à..... 10°
La troisième, de l'eau douce à.... 60°
La quatrième, de l'eau froide à... 10°

passent, côte à côte, dans les sous-sols, immédiatement au-dessous des cabines de bains. Au-dessous et au droit de chaque baignoire a été faite une prise d'eau, sur chacune des quatre canalisations. Un tuyau en plomb, de 0.025 de diamètre intérieur, amène l'eau aux quatre robinets des baignoires. On peut ainsi donner, à volonté, des bains d'eau douce pure, d'eau salée pure, des bains mitigés, dont la proportion et la température sont facilement réglées à l'aide et du pèse-sel et du thermomètre.

Il est facile de voir, à l'aide de cet instrument, que les eaux n'ont subi aucune altération dans leur trajet. La densité de l'eau salée est absolument la même qu'à Briscous.

Des tuyaux, analogues à ceux déjà décrits, alimentent la piscine de famille, et permettent de régler à volonté l'arrivée de l'eau douce ou de l'eau salée, aux températures voulues.

Chauffage des Eaux.

Le chauffage de l'eau salée et de l'eau douce s'effectue à l'aide de la vapeur (voir dessin n° 2).

Celle-ci est fournie par deux grandes chaudières du type ordinaire, situées dans un bâtiment spécial, isolé de l'Établissement, fonctionnant alternativement ou simultanément, si les nécessités du service l'exigent. Chacune d'elles comprend un corps cylindrique de 7 m. 65 et de 1 m. 30 de diamètre, auquel sont adjoints deux bouilleurs de 8 m. 30 de long et 0.650 de diamètre ; plus un réservoir ou bouteille alimentaire. La capacité totale de ces différentes parties de chaque chaudière est de 16 m^3 . et la surface de chauffe de 50 m^2 .

La vapeur arrive jusqu'au sommet de la tour dans un tuyau en tôle de 0.10 de diamètre. Une prise faite sur ce tuyau, à hauteur du bac à chauffer, y conduit la vapeur. On peut obtenir la température élevée de 80° ; mais il suffit de chauffer à 60 degrés les eaux destinées aux bains et à 55° celles destinées aux douches.

Chauffage des Bâtiments.

La partie des Thermes Salins qui a servi au traitement d'hiver en 1893-1894 a été constamment chauffée par deux calorifères : l'un, du système Michel Perret, brûlant du poussier de coke ; l'autre, utilisant la vapeur produite par le générateur, du système connu. Ces deux calorifères ont toujours entretenu la température des bâtiments en exploitation à 14° pendant les plus grands froids, et à des degrés variant à volonté dans les belles journées d'hiver, au degré désiré par les médecins et les malades.

TROISIÈME PARTIE

Installation Thermale.

L'installation thermale de l'Etablissement de Biarritz a été admirablement comprise. C'est sous la haute et si compétente direction de M. Hézard qui, le premier, conçut le projet de conduire à Biarritz les eaux de Briscous, que les travaux ont été effectués. Pour mener à bonne fin une œuvre aussi considérable, il a su faire appel aux lumières de tous ceux qui, à leurs divers titres de chimiste, d'ingénieur, d'architecte, de médecin, ont une part d'action bien déterminée dans la création d'un Établissement Thermal. Aussi, aucun détail propre à garantir, dans les meilleures conditions, l'administration rationnelle et complète de l'eau minérale, n'a-t-il été négligé.

Topographie : dispositions générales des Thermes.

L'Établissement a été édifié sur une partie des terrains de l'ancien domaine impérial, et la première pierre a été posée le 8 décembre 1892 par S. M. la Reine Nathalie de Serbie. Il est compris entre l'avenue de la Reine Nathalie, au sud; l'avenue de la Reine Victoria, au Nord; la rue du Lac, à l'Est : sa façade principale, précédée d'un vaste parc réservé aux baigneurs, regarde l'Océan et en est distante de cinq cents mètres environ.

L'architecture des Thermes, à laquelle a présidé M. Lagarde, de Pau, est du style mauresque le plus élégant. Les matériaux de construction employés ont été la pierre de taille et la brique. Un escalier de quelques marches très peu élevées, très faciles à gravir, flanqué sur les côtés de deux rampes en pente douce destinées aux malades qui marchent difficilement ou ne peuvent aller qu'en voiture, précède l'entrée principale. A droite et à gauche du péristyle se trouvent les bureaux de la Direction et les guichets pour la délivrance des tickets. En face, la galerie des premières classes, vaste, largement aérée, ne mesurant pas moins de 70 mètres de long sur 6 m. 50 de haut. Au centre, la salle de restaurant, le *Bar*. A droite et à gauche, des *cabines* de bains de *première classe*. L'Établissement en comprend 49, dont *trois cabines de luxe* et *cinq cabines de famille* à plusieurs baignoires. Chacune des cabines ordinaires, spacieuse, offre un cube d'air de 50 m^3 . Une cloison transversale, n'occupant que la moitié de la hauteur, la divise en deux parties inégales, la plus petite utilisée comme vestiaire et comprenant, en dehors des siéges ordinaires, une banquette pouvant servir, au besoin, de lit de massage ; la plus grande constituant la cabine proprement dite. Les baignoires, à deux têtes, sont en fonte émaillée et, par cela même, d'un nettoyage facile. Leur contenance est de 250 litres. Quatre robinets en cuivre, captés, à clef mobile (2 robinets d'eau salée, froide et chaude, et 2 robinets d'eau douce, froide et chaude), permettent de faire les divers mélanges et de préparer les bains suivant l'ordonnance médicale. A chaque cabine sont annexés un *thermomètre,* une *éprouvette* en verre pour mesurer, au pèse-sel, le degré de densité du bain, et un jeu de barres en bois, munies de liége à leur extrémité, dont les malades se servent pour ne *pas flotter* dans l'eau. A cet effet, ils les mettent en travers de la baignoire, à la profondeur voulue. L'élasticité du liége assure leur fixité. Une sonnette électrique est placée à portée de chaque baignoire. Un simple coup d'œil suffit pour voir que le confortable de la cabine ne le cède en rien au côté utile et médical.

Celui-ci atteint son summum dans les *cabines de luxe*, placées aux numéros 2, 3, 4, de la galerie de droite. Les baignoires de ces cabines sont en cuivre nickelé ; à chacune d'elles a été adapté un appareil de douches. Dans le vestiaire se trouve une élégante toilette-lavabo. A la cabine n° 2 est annexé un ravissant petit boudoir, servant de salon d'attente ou de repos.

A côté des cabines de luxe et dans le prolongement de la grande galerie se trouve le *salon de lecture*. En le laissant à droite, et en continuant, on pénètre dans la partie de l'Etablissement réservée aux douches. Il existe quatre *salles de douches* de première classe : deux salles de *douche à l'eau salée*, et deux salles d'*hydrothérapie*. Chacune d'elles mesure 5 mètres de haut sur 4 mètres de large et 5m50 de long, de telle sorte qu'en tenant compte de la place occupée par l'appareil, le malade peut être douché à une distance maxima de 4 mètres. Les murs de la salle sont cimentés dans leur moitié supérieure, carrelés en porcelaine blanche dans leur moitié inférieure. Tout autour s'ouvrent des cabines de bain ou des cabinets simples, pour les malades qui prennent bain et douche consécutivement ou qui ne prennent que la douche. L'installation très complète permet d'administrer les douches sous toutes leurs formes : douches générales fixes, *en pluie ; dorsale ; en cercles ; bain de siége ;* douches générales mobiles , *en jet* plus ou moins brisé ; *en arrosoir ;* douche *locale filiforme.* La *température* prescrite par le médecin (température qui peut osciller entre 10° et 50°) est très exactement réglée, grâce au thermomètre annexé à l'appareil; et ce réglage une fois obtenu, *elle conserve son uniformité pendant tout le temps de la douche.* Il en est de même de la *pression*, indiquée par un manomètre. Celle-ci est de 15 mètres pour les douches à eau salée et de 16 à 17 mètres pour les douches froides ordinaires. Une série de manivelles correspondant aux divers appareils de douches permettent, du reste, de régler à volonté la force du jet. La durée de la douche se mesure à l'aide de sabliers.

En sortant de ce qu'on pourrait appeler le pavillon des douches, on trouve à droite la cabine affectée aux *irrigations nasales*, avec les appareils nécessaires à la douche *nasale* et *rétronasale.*

Signalons enfin, pour être complets, les cabinets médicaux situés à gauche de l'entrée principale, à l'extrémité de la grande galerie.

Le sous-sol de l'établissement est occupé par les cabines et la salle des douches de 2me classe et par la *piscine.* On y pénètre par deux portes, donnant de plain-pied sur le jardin, à droite et à gauche du grand perron.

Les cabines, très confortables, quoique moins luxueuses que celles des premières classes, sont pourvues des mêmes baignoires, en fonte émaillée. La cabine se compose d'une pièce unique, sans déshabilloir spécial.

La salle de douches ne comprend, comme appareils, que la douche fixe en *pluie* et la *lance*.

La *piscine*, du type des piscines dites « de famille », peut recevoir 5 à 6 personnes. Elle a 5 mètres de long sur 2^m85 de large. Par suite de l'inclinaison donnée à son fond, représenté par un plancher à claire-voie, la profondeur varie. Au niveau de la dernière marche, elle a un minimum d'un mètre ; son maximum, à l'autre extrémité, est de un mètre cinquante, sa capacité est d'environ 20 mètres cubes. Alimentée par deux robinets, un robinet d'eau salée et un robinet d'eau douce qui peuvent, à volonté, envoyer de l'eau chaude ou de l'eau froide, elle est ainsi portée au degré de salure et de température voulues (32° à 33° en moyenne). Le chauffage est aussi obtenu directement à l'aide de jets de vapeur qui circulent sous le plancher à claire-voie. L'eau se renouvelle constamment, son niveau restant le même, par suite d'un réglage facile à effectuer entre son arrivée dans la piscine et sa sortie par le tuyau de fuite placé sous le plancher. La ventilation, l'éclairage sont largement assurés par trois ouvertures, munies d'impostes mobiles. La hauteur de la pièce est, du reste, de 3m20 au-dessus de la surface de l'eau. La piscine est précédée de deux déshabilloirs.

Modes d'administration des Eaux.

L'eau minérale est administrée sous forme *de bains ; de douches ; de compresses d'eau-mère ; d'irrigations nasales.*

1. Bains. — Ceux-ci sont préparés avec une certaine quantité d'eau salée et une certaine quantité d'eau douce. On les prend avec 1/5, 1/4, 1/3, 1/2, 3/4 d'eau salée ou complétement salés. (Bains entiers ou pur sel.)

Etant donné qu'au-dessus et au-dessous de l'*indifférente*, la *température* du bain prime son action médicamenteuse, celui-ci doit être pris à la température *agréable*. Pour en fixer le degré, on se guide sur la sensibilité, l'impressionnabilité du sujet. Il importe aussi de tenir grand compte de l'âge : M. le Dr Rousseau Saint-Philippe, dans une intéressante communication faite en 1892 au Congrès de Pau, a insisté beaucoup sur l'importance qu'il y a à surveiller attentivement la température du bain chez l'enfant. Chez l'adulte, 34° à 35° conviennent dans la grande majorité des cas ; mais nous avons coutume de recommander à nos malades d'augmenter ou de diminuer légèrement cette température, suivant leur sensibilité propre. Il est important qu'elle se maintienne constante pendant toute la durée du bain, d'où la nécessité de le faire réchauffer au moins une fois. Du reste, le bain salé se refroidit moins vite qu'un bain ordinaire. La capacité calorifique de l'eau salée est plus grande que celle de l'eau douce et exige une plus grande quantité de calorique que celle-ci pour arriver au même degré de température (Nogaret). Très souvent, en particulier chez les rhumatisants, les anémiques, et d'une façon générale chez tous ceux qui, réagissant difficilement, éprouvent, au sortir du bain, un sentiment de froid assez prolongé, nous faisons élever la température jusqu'au plus haut degré de tolérance possible, pendant la dernière minute.

Quant à la *durée* du bain, elle est éminemment variable et doit être en rapport avec l'âge, le tempérament, etc... Il est des malades — certains nerveux principalement — qui supportent mal un bain de demi-heure, et pour qui vingt minutes constituent un maximum qu'il vaut mieux ne pas dépasser. La nature de la maladie comporte, elle aussi, certaines indications. Règle générale, le bain doit être d'autant plus long qu'il est destiné à produire des effets plus résolutifs. Mais l'essentiel est de concilier l'indication avec la tolérance plus ou moins grande du malade. C'est une question de pratique locale. On peut dire que la durée du bain varie entre 15 minutes et une heure, 30 minutes constituant la durée habituellement prescrite.

Certains malades doivent se recoucher après le bain ; de ce nombre, les femmes atteintes d'affections utérines, les malades aux bronches susceptibles, chez lesquels il faut éviter toute chance de refroidissement.

Ceux, au contraire, chez lesquels n'existe aucune contre-indication de ce genre, se trouvent mieux d'un exercice modéré après le bain.

Le *moment* du bain ne saurait être le même pour tous. Celui du *matin* est généralement préféré par les malades ; il se prête mieux au repos après lui ; mais il en est que le bain, pris à *jeun*, éprouve beaucoup. Il en est d'autres, privés à peu près de sommeil, pour qui se lever de bonne heure constitue une véritable fatigue. A ceux-là nous conseillons de préférence les bains pris dans le *milieu de la journée*. Chez certains, le bain détermine, pendant quelques heures, un sentiment de lassitude très marquée, qu'on peut utiliser s'il s'agit de malades affectés d'insomnies rebelles. Pris le *soir*, le bain a souvent pour résultat de procurer le sommeil.

L'eau salée est souvent additionnée d'*amidon* ou d'*eau-mère*. La première addition a pour but d'atténuer l'action locale du sel ; elle est indiquée chez les malades à peau sensible, irritable, lorsqu'on craint de provoquer des manifestations cutanées, en particulier chez les arthritiques, chez ceux sujets aux poussées d'urticaire.

La seconde constitue un correctif de la médication salée, dans ce qu'elle a de trop excitant pour quelques-uns, ainsi que nous le verrons plus loin.

2. Douche. — Après le bain, qui constitue le moyen balnéaire le plus employé, la douche a aussi une grande importance : elle est *générale* ou *locale*.

Nous avons vu plus haut quelle était la *pression* de nos douches. Elle est largement suffisante, étant donnée la densité de l'eau et son excessive minéralisation. Nous avons énuméré déjà les diverses formes de douches que l'on pouvait utiliser : nous n'y reviendrons pas ; mais nous ferons remarquer que l'eau froide descend aisément jusqu'à 10°, ce qui permet de faire de l'hydrothérapie dans d'excellentes conditions. Quant à la température de la douche chaude, elle varie nécessairement avec l'effet qu'on veut obtenir. Une douche à 35°, 36°, c'est-à-dire à une température voisine de celle du corps, est *sédative ;* une douche plus chaude est *excitante.*

Veut-on donner toute la pression, on se sert du *piston ;* veut-on la diminuer, on emploie l'*arrosoir* ou le piston, en jet brisé, avec le doigt. Nous employons plus rarement la *douche en cercle.*

Comme *durée,* nous ne dépassons jamais *trois* minutes.

Ainsi administrée, à une température généralement supérieure à celle du bain, et en raison même de cette température, la douche doit être prise après lui. C'est une douche *révulsive.*

La *douche locale* doit être prise avant ; elle est, suivant les cas : *Résolutive :* douche tiède, en pluie ou en arrosoir, localisée sur telle ou telle région du corps ; douche « filiforme », en jet plus ou moins brisé, prolongée suivant les cas, pendant 3, 4, 5 minutes et plus, et spécialement utilisée contre les engorgements ganglionnaires ; douche « de robinet » dans la baignoire, d'abord tiède, et portée peu à peu à une température aussi élevée que possible. *Percutante* (parésie, atrophies musculaires) : avec un jet fort, une température très élevée ; très souvent elle s'applique à la colonne vertébrale. *Résolutive locale* (névralgies en général, sciatique) : même caractère ; il est souvent nécessaire de briser le jet.

Il est extrêmement important d'indiquer au malade la position à prendre pendant la douche. Nous dirons seulement que la meilleure est celle qui permet le relâchement des muscles de la région douchée. Elle est donc éminemment variable, suivant les cas.

Nous ne prescrivons jamais de douches ascendantes *utérines*, car nous les considérons comme nuisibles et dangereuses ; et si, dans le traitement d'une affection utérine ou périutérine, il est nécessaire d'employer les moyens locaux, nous leur préférons de beaucoup le *speculum de bain*, ou les simples irrigations à l'eau douce mitigée d'une certaine quantité d'eau-mère. Mais nous conseillons souvent l'usage des douches ascendantes *rectales* ou *anales*, si utiles, en particulier, contre la constipation.

3. Compresses. — L'application des *compresses* consiste à recouvrir la région malade de flanelle, ou d'un certain nombre de doubles de tar-

latane, trempés dans une eau-mère spéciale, plus ou moins chaude, légèrement exprimés, recouverts d'une toile gommée imperméable, et laissés à demeure pendant un temps variable. Nous verrons plus loin quel en est l'effet, et dans quels cas il convient de les appliquer.

4. Irrigations nasales. — Les *irrigations nasales* se font avec de l'eau douce, à 25° environ, additionnée d'une ou plusieurs cuillerées à soupe d'eau-mère. A part la composition du liquide, le procédé n'a ici rien de spécial.

Époque et Durée de la Cure.

Les Thermes Salins de Biarritz sont ouverts toute l'année ; on peut y suivre un traitement efficace en toute saison. Les locaux sont soigneusement chauffés et les conditions climatériques des plus favorables à une *cure d'hiver ;* circonstance précieuse, car si la médication thermale n'est que très rarement une médication d'urgence, il n'en est pas moins vrai que très souvent il y a un intérêt majeur pour les malades à ne pas différer de plusieurs mois leur traitement salin.

Les nombreux avantages du climat de Biarritz ont été bien mis en relief par M. Henry Léon et par nos distingués confrères les docteurs Ernest

Lafont, de Bayonne ; Adéma et Elevy, de Biarritz. Ce dernier, dans une *Communication faite au Congrès de Pau, en 1892*, a résumé ainsi la formule climatérique de la station :

« Température annuelle : maxima, 17°5 ; mi-
« nima, 9°6 ; moyenne, 13°5.

« Ecart moyen de la température de vingt-
« quatre heures, 7°8.

« Ecart du mois le plus chaud et le plus froid
« de l'année, 14°0.

« Moyenne de l'hiver, 7°9 ; du printemps, 12° ;
« de l'été, 19°3 ; de l'automne, 15°3.

« Maximum absolu moyen, 35°0 ; minimum
« absolu, 5°5.

« Moyenne de la journée médicale : de 10 heu-
« res à 4 heures en hiver = 10°4.

« Moyenne annuelle des pluies : 1066mm,19.

« Jours de petite pluie : 62,2 ; de grande pluie :
« 71,5 ; total : 133,6.

« Pression barométrique moyenne : 765,6.

« Vents régnant par an : 202 jours de vents de
« mer et 141 jours de vents de terre.

« Humidité relative du temps : $\frac{71}{100}$; nébulosi-
« té : $\frac{5}{10}$.

« Ozone : 16 sur 21 de l'échelle de Jame ».

La *durée* de la cure varie beaucoup avec l'âge du malade, la nature de son affection et surtout la manière dont les eaux sont supportées. Il est impossible de rien préciser à cet égard. Les fameux 21 jours de cure, classiques parmi les malades, sont le plus souvent insuffisants. La durée moyenne est plutôt d'un mois. Mais la saison doit être souvent beaucoup plus prolongée. C'est alors que le *repos pendant la cure* s'impose d'une façon absolue, à plusieurs reprises.

En est-il de même pendant les saisons d'une durée moyenne ? On ne saurait formuler de règle absolue à cet égard. Certains malades n'ont aucun besoin de repos ; d'autres, au contraire, sont forcés d'interrompre leur traitement pendant un ou plusieurs jours. Cela dépend de l'état du malade à l'arrivée, de l'affection qu'il vient soigner, de la manière dont il tolère les eaux. Pourquoi vouloir établir la même règle pour tous. J'en dirai autant du repos de deux jours, après le dixième ou le douzième bain. Cette façon de procéder ne saurait rien avoir de fixe.

L'époque menstruelle exclue-t-elle les bains minéraux ? En d'autres termes, *une malade peut-elle se baigner pendant ses règles ?*

Nous partageons tout à fait, à ce sujet, la manière de voir de l'auteur de l'article *Eaux minérales* dans le *Dictionnaire de thérapeutique* de M. Dujardin-Baumetz.

Chez une femme bien réglée, régulièrement réglée, les bains n'offrent aucun avantage et présentent des dangers. Il faut les déconseiller formellement.

Chez les femmes pâles, exsangues, qui ne font que tacher leur linge, le bain est utile, il doit être prescrit ; il a souvent pour effet d'augmenter l'écoulement. De même, chez les malades dysmennorhéïques, dont les règles sont précédées ou accompagnées de douleurs utérines atroces, dont le sang apparaît lentement, le bain calme la douleur et favorise l'établissement complet des époques. S'il s'agit de femmes perdant beaucoup, et perdant longtemps, le bain doit être proscrit, pendant les 3, 4, 5 premiers jours, suivant les cas ; passé ce délai, la reprise du traitement balnéaire ne peut que favoriser la cessation des règles.

Effets Physiologiques.

1. Effets du Bain (30° à 35°). — *Localement*, l'eau salée, par le fait même de sa composition chimique, détermine une activité particulière de la circulation cutanée, plus ou moins marquée suivant les sujets, et se traduisant par la rougeur de la peau. Au bout de quelques bains, celle-ci

devient sèche et brunit. De même, les ongles, rendus plus friables, prennent une teinte jaunâtre. Une grande part est à faire, dans l'explication de ces phénomènes, d'ailleurs passagers et disparaissant après la cure, à la présence constante sur la peau de petits cristaux de chlorure de sodium. Ce sel, éminemment hygrométrique, absorbe les sécrétions cutanées et dessèche l'épiderme. Un degré de plus, et on voit survenir des symptômes d'irritation cutanée : éruptions plus ou moins discrètes ; papulo-vésicules plus ou prurigineuses, se montrant de préférence chez les enfants, chez les jeunes femmes à peau fine et délicate ; parfois véritables poussées d'urticaire (arthritiques) : tous symptômes faciles à éviter en mélangeant au bain salé une certaine quantité d'amidon ou de gélatine.

Cette action locale du bain salé est importante à considérer, car c'est d'elle que découlent les effets généraux. Nous les étudierons tout à l'heure. Il est aujourd'hui bien admis que la peau recouverte de son épiderme intact n'absorbe pas. Dans les bains de Biarritz, l'absorption est nulle ou insignifiante. Les effets laxatifs ou purgatifs qui se produisent chez certains sujets, en particulier chez les jeunes femmes, les éruptions diverses, survenant sur des parties du corps non immergées, l'existence de poussières salées dans ces mêmes régions, ne sont nullement une preuve de l'absorption dans le bain. Elles s'expliquent suffisamment soit par la voie reflexe, soit par le fait de la buée saline qui s'élève du bain. La cause des effets obtenus réside seulement dans une stimulation spéciale de tous les éléments constitutifs de la peau (vaisseaux, nerfs, lymphatiques, glandes, etc.), stimulation qui, du système nerveux périphérique, se répercute par voie reflexe sur les centres nerveux régulateurs de la nutrition élémentaire et produit les phénomènes observés. Rohrig et Zuntz ont montré, en effet, que les excitations cutanées accroissaient, en même temps, et la consommation d'oxygène et les divers produits des oxydations élémentaires.

Ces *effets généraux* en quoi consistent-ils ?

Foix (de Salies-de-Béarn) les a très judicieusement divisés en immédiats, prochains et éloignés.

(*a*) *Pendant le bain* (effets immédiats), deux faits sont surtout remarquables : la fréquence moindre des mouvements respiratoires ; le ralentissement du pouls. A côté du premier de ces effets, on doit placer ce sentiment particulier de constriction thoracique, d'oppression, de poids à l'épigastre, accusé très fréquemment par certains malades, par les nerveux surtout.

Quant au second, il se traduit par un pouls à la fois plus ample et plus lent. Cette diminution des pulsations, cette « action sédative sur le système sanguin », avait été déjà notée par Nogaret.

Dans l'explication de ces deux symptômes, il faut, croyons-nous, tenir grand compte de la densité de l'eau salée, bien supérieure à celle de l'eau douce. De plus, pour les bien observer, il importe que le bain soit pris à la température « indifférente » voisine de la température du corps, en vertu même de ce principe, que tout bain minéral, pris à une température trop élevée, agit beaucoup plus par son calorique que par sa minéralisation.

(b) Au bout d'un certain nombre de bains, absolument variable suivant les sujets, on observe alors les véritables effets (prochains ou consécutifs) de la médication, beaucoup plus importants à considérer, car ils nous permettent, jusqu'à un certain point, d'expliquer les effets thérapeutiques et curatifs obtenus dans notre station. Leur caractère primordial, comme du reste celui de tous les effets obtenus par les eaux chlorurées sodiques, est d'être *excitant*.

Cette excitation porte surtout sur la *circulation*, en particulier sur la circulation *abdominale* (utérine, rénale, hépatique, intestinale).

Il en résulte : Dans le domaine de la *circulation générale,* « une oxygénation plus complète du sang, une augmentation de l'oxyhémoglobine et du nombre des globules rouges » (Lissonde).

Dans celui des *fonctions digestives*, une activité plus grande de ces mêmes fonctions, se traduisant par le relèvement de l'appétit, une urination plus abondante, une plus grande fréquence des évacuations intestinales, notamment chez les enfants et les jeunes femmes. Disons toutefois que la constipation est le plus souvent observée. A cela, il y a, croyons-nous, deux motifs principaux : le premier, c'est que beaucoup de nos malades, notamment les femmes atteintes d'affections utérines, sont, par le fait même de leur maladie, vouées à des constipations opiniâtres ; le second, c'est que les bains impriment aux fonctions de la peau une activité toute particulière, d'où résulte, jusqu'à un certain point, un « desséchement de l'intestin, rendu plus marqué encore par l'augmentation des urines ».

Dans la sphère *utéro-ovarienne*, une action emménagogue, très remarquable, pouvant aboutir à de véritables ménorrhagies, si les eaux sont imprudemment administrées.

Du côté des *fonctions respiratoires*, une respiration plus large, plus profonde.

Du côté du *système nerveux*, une légère surexcitation, des insomnies, ou au contraire, une envie irrésistible de dormir, même pendant le jour ; une légère courbature musculaire.

Cette stimulation générale étant le résultat, par voie réflexe, de la stimulation cutanée, il paraît logigue d'admettre, *a priori*, qu'elle sera, comme celle-ci, d'autant plus grande que la solution saline sera plus concentrée. En pratique, en est-il ainsi ? En un mot, le bain salé est-il d'autant plus excitant qu'il est plus concentré ? Oui, dans la très grande majorité des cas. Il y a cependant quelques exceptions, mais elles sont assez rares.

Quoi qu'il en soit, c'est de l'ensemble des effets produits sur les fonctions circulatoire, respiratoire, nerveuse, que découlent les modifications profondes apportées « à l'assimilation et à la désassimilation, aux mutations nutritives, à *la nutrition* ». M. Robin les a particulièrement étudiées dans un travail récent : « *De la balnéation chlorurée sodique ; ses effets sur la nutrition ; ses nouvelles indications.* » Paris, 1892. Elles varient, d'après lui, avec le degré de salure du bain. Il ressort, en effet, des analyses publiées dans cet important travail, que :

Le *bain au quart*, contenant 6 °/₀ de sels, ne modifie pas l'ensemble des échanges. Le total des matériaux solides reste le même. Les matériaux organiques sont un peu diminués, mais la diminution porte sur les éléments organiques *non azotés*, car l'urée et l'azote total, par conséquent les échanges azotés, sont augmentés de 3 °/₀. — Les matériaux inorganiques sont accrus d'une quantité proportionnelle à la diminution des matières organiques.

La quantité d'urine est diminuée « sans doute par diminution de la tension artérielle. »

Le coefficient d'oxydation azotée est augmenté. L'oxydation est donc plus complète. Donc, l'acide urique et les matières extractives azotées sont diminuées : le premier de 1,6 °/₀, les secondes de 0,8 °/₀.

L'acide phosphorique total est accru. Il en est de même du rapport de l'acide phosphorique à l'azote total. Il y a donc accroissement léger de la désassimilation des organes riches en phosphore (os, centres nerveux, etc.).

Les chlorures sont augmentés.

Le *bain à moitié* (12 °/₀ de sels) a une action plus profonde, plus complète, et différente de celle du bain au quart. Il augmente les échanges généraux envisagés en bloc, surtout les échanges organiques (de 8,2 %), et parmi eux, surtout ceux des matières albuminoïdes, puisque l'azote total éliminé croît de 12,2 %. Les matières albuminoïdes subissent, dans leur ensemble, une évolution satisfaisante, puisque le coefficient d'oxydation azotée croît légèrement (0,9 %). Cependant, malgré cela, les matières extractives azotées augmentent un peu, soit de 1,6 %.

Fait extrêmement important : l'excrétion de l'acide urique est énormément augmentée (de 38,7 %) par kilogramme de poids. Or, l'acide urique est un produit de désassimilation des tissus collagène, conjonctif, fibreux. Le bain à moitié n'augmente pas seulement l'excrétion de l'acide urique, il en augmente la formation. Si, en effet, il ne faisait que favoriser l'expulsion d'un acide préformé, aussitôt la décharge effectuée, il s'abaisserait beaucoup. Or, il n'en est rien. Le bain demi-sel est le seul qui produise ce chiffre considérable d'acide urique. Après comme avant, il se maintient à un chiffre stationnaire.

Les chlorures sont augmentés. Il en est de même de l'acide phosphorique total (8,8 %), bien que le rapport de l'acide phosphorique à l'azote total soit diminué de 2,3 %. L'augmentation de l'acide phosphorique prouve que la nutrition totale est accrue. La diminution, par rapport à l'azote total, tient à ce que les tissus riches en azote et en phosphore (globules rouges, centres nerveux) ou simplement en phosphore (système osseux) subissent une destruction moins active que les tissus azotés ordinaires.

Ce bain augmente de 25 °/₀ la quantité d'urine, en augmentant la tension artérielle ou la sécrétion rénale.

Le *bain entier*, bain pur sel (25 °/₀ de sels) a une action mixte, procédant des effets du bain au quart et du bain à moitié.

Il modifie peu la quantité d'urine (4,6 °/₀). Les échanges généraux, en bloc, sont augmentés, surtout les matières organiques et particulièrement les matières albuminoïdes (16,5 °/₀). Le coefficient d'oxydation azotée augmente de 2,3 °/₀; les produits azotés imparfaitement oxydés, diminuent de 3,3 °/₀ ; l'acide urique de 0,5 °/₀, ce qui est peu, d'une façon absolue, mais énorme, relativement à l'augmentation de 38,7 °/₀ produite par le bain demi-sel.— L'acide phosphorique total augmente de 8,8 °/₀. Le rapport de l'acide phosphorique à l'azote total diminue de 6,4 °/₀, ce qui correspond à une diminution dans la désintégration des organes riches en phosphore (os) ou en phosphore et azote (système nerveux, globules rouges). Le bain demi-sel produit les mêmes effets, mais moins accusés.

(c) *Après la période balnéaire* (action secondaire de la balnéation chlorurée sodique), la quantité d'urine revient à la normale. Les échanges continuent à augmenter, en bloc ; surtout les échanges organiques, mais les inorganiques aussi. De même, les échanges azotés, puisque l'azote total s'accroît. Les oxydations se font mieux que pendant les bains ; les matières extractives subissent une diminution de 7,5 %; mais l'acide urique s'élève de 2,8 %. L'acide phosphorique augmente de 20 %, ce qui démontre la suractivité nutritive ; mais comme le rapport de l'acide à l'azote total augmente de 2,3 %, il s'ensuit que la désassimilation des organes riches en phosphore ou en phosphore et en azote, reprend son taux habituel. Les chlorures augmentent de 19,3 %, ce qui prouve bien que la peau ne les absorbe pas dans le bain.

Donc, bien que l'observation ait été courte, on peut conclure :

1° Que l'impulsion donnée aux échanges azotés, aux oxydations des produits de la désassimilation des matières albuminoïdes, s'accentue encore après la cessation du traitement. Les produits d'une élimination difficile, et d'une toxicité reconnue, continuent donc à diminuer ;

Action Physiologique du Bain salé

AU QUART	A MOITIÉ	ENTIER	APRÈS LA CURE
Quantité d'urine —	+	?	Revient à normale.
Matériaux en bloc O	+	+ +	+ + +
» Organiques. — { a. azotés + { b. non azotés —	+ + +	+ + + +	+ + + + +
» Inorganiques +	+ +	+ + +	+ + +
Urée + et Azote total + d'où (échanges azotés accrus)	+ + + + donc échanges azotés accrus.	+ + + + + + donc échanges azotés accrus	+ + + + + + + + échanges azotés accrus.

Acide urique —.— et Extractions azotées —.— ce qui prouve que l'oxydation est plus complète.) Coefficient oxyd. azotée + élevé.	+ +	— — C'est-à-dire oxydation + complète — Le coefficient d'oxyd. est + élevé.	+ —.—.— Oxydation + complète, malgré le petit taux d'acide urique —
Acide phosphorique + et rapport de phosph. à az. total + = Désassimilation + marquée des organes riches en phosphore : cerv. : os.	+ + + —	+ + —.—	+ + + + + +
	Malgré cela oxydation un peu + complète : coeff. oxyd. azotée + élevé.		
	= Désassimilation moins marquée des organ. riches en phosphore (os,) ou phosph. et azote (cerv. : os).	= Désintégration moins marquée des organ. riches en phosphore ou phosph. et azote (cerv. : os).	= Désassimilation des organ. riches en phosph. et en phosph. et azote, reprend son taux habituel.
Chlorures. + + +	+ +	+	+ + + +

Chaque bain possède donc une sorte de spécifité d'action étroitement liée à sa concentration.

2° L'acide urique seul subit une très légère élévation ;

3° La diminution provoquée par les bains pur sel et demi-sel dans les tissus riches en phosphore ou en phosphore et azote, ne survit pas aux bains ;

4° L'augmentation des chlorures après la cessation des bains, corrobore l'opinion de la non absorption des principes salins par la peau.

Nous avons essayé de résumer, dans le tableau schématique qui précède, l'action de chacun des bains au quart, à moitié, entier. Les signes + et — ont ici leur signification habituelle. La répétition de ces signes, un plus ou moins grand nombre de fois, est destinée à indiquer quel est celui des bains qui détermine la plus grande augmentation ou la plus grande diminution.

2. Douche. — Les effets de la douche salée, et nous envisageons ici surtout la douche chaude, sont ceux de la douche en général. Elle est éminemment stimulante, et sert à développer un surcroît d'activité circulatoire et nerveuse d'autant plus marqué que la douche est prise à une température plus élevée, avec une force de projection plus grande. A ce point de vue, nous ferons toutefois une remarque, c'est que si la *qualité* de l'eau est, en général, peu importante, il n'en est

pas de même ici, où nous devons tenir grand compte de la densité considérable de notre eau. Aussi est-il inutile et serait-il souvent dangereux de recourir à de trop fortes pressions, sauf pour certaines douches locales, où l'on cherche à obtenir un effet percutant, à produire une sorte de massage de la région douchée.

3. Eau-Mère. — *Mélangée au bain* en proportion variable (10, 20, 30 litres ou plus) l'eau-mère de Salies a des effets physiologiques que nous ne connaissons guère, mais qui se traduisent cliniquement par une action sédative des plus remarquables. Aussi l'emploie-t-on de préférence chez les nerveux, chez les agités, non point pour saler le bain, mais à titre de correctif de la médication chlorurée sodique, dans ce qu'elle pourrait avoir de trop excitant.

Localement, et employée *à froid*, elle détermine, *sur la peau intacte*, un abaissement de température de la région où elle est appliquée, suivi bientôt d'une forte chaleur, avec hyperthermie par suractivité des capillaires superficiels ; *à chaud*, une rougeur vive de la peau, d'autant plus marquée que la température est plus élevée (compresses échauffantes des Allemands). Au bout d'un certain temps, et après un certain nombre d'applications, la peau devient très sèche, et on voit souvent se produire des papulo-pustules d'acné, de l'érythème, etc... ; sur *la peau dépourvue de son épiderme*, sur une plaie, elle détermine de violents phénomènes d'irritation (action substitutive).

V

Action Thérapeutique.

De l'action physiologique des eaux chlorurées sodiques fortes découle leur action thérapeutique. Ces eaux sont :

1° *Altérantes*, c'est-à-dire capables, par le fait même de l'activité particulière imprimée à la circulation, au système nerveux, à l'assimilation et à la désassimilation, de changer la manière d'être de l'organisme « en s'adressant aux phénomènes intimes de la nutrition ; opérant profondément, silencieusement, sans provoquer de secousses. » (Durand-Fardel, *Cours de l'Ecole Pratique*, 1884.) C'est à ce titre qu'elles sont, comme nous le verrons plus loin, si puissantes chez les lymphatiques et chez les scrofulo-tuberculeux.

2° *Résolutives*, et d'une façon très remarquable. Elles ont, en effet, tout ce qu'il faut pour cela, car ce sont des eaux très fortement minéralisées. La résolution s'obtient de deux façons : *directe,* elle résulte de l'activité imprimée à la circulation locale ; *indirecte,* elle résulte de l'activité imprimée à la circulation générale et à toutes les fonctions. Celles-ci, en s'exagérant, permettent la résorption des produits morbides.

Ces deux actions, altérante et résolutive, auxquelles on pourrait ajouter l'action *emménagogue, régulatrice des fonctions menstruelles,* caractérisent les eaux chlorurées sodiques fortes en général, et celles de Biarritz en particulier, car nulle part elles ne sont plus marquées que dans notre station, en raison même de la minéralisation exceptionnelle de nos eaux. Mais, de plus, celles-ci sont :

3° *Toni-reconstituantes* au premier chef, et si c'est là unc action qu'on peut obtenir auprès de toute eau minérale, employée d'une certaine façon, il faut reconnaître qu'elle est ici beaucoup plus marquée que partout ailleurs. Aussi obtient-on de merveilleux résultats dans une foule d'affections fort dissemblables quant à leur nature même, mais reliées par un point commun : l'atonie des tissus ou des organes.

4° *Substitutives,* comme le soufre, ainsi qu'en témoignent les effets produits par nos bains, dans les cas d'endométrite, où elles provoquent fréquemment, un petit retour de l'état subaigu, se traduisant par une augmentation passagère de la leucorrhée.

5° *Sédatives*. Nous plaçons en dernière ligne cet effet de nos eaux, à coup sûr le moins marqué. Que les bains additionnés d'eau-mère aient une action sédative, c'est incontestable. Ils calment la sensibilité exagérée, ils modèrent l'excitation du système nerveux. Mais les bains salés, sans eau-mère, s'ils déterminent une sédation, ne le font, croyons-nous, que d'une façon tout à fait indirecte, et par suite de leur action tonique.

Est-il besoin d'ajouter que ces divers effets thérapeutiques sont plus ou moins marqués, et se combinent ou s'associent chez les différents sujets ? Il arrive donc qu'en général, lorsque nos eaux sont indiquées dans telle ou telle affection, elles le sont à plusieurs titres. Toutefois, c'est plutôt telle ou telle action qu'on cherche à obtenir : par exemple, l'action toni-reconstituante dans l'anémie ; l'action altérante dans la scrofulo-tuberculose ; l'action résolutive dans les engorgements ganglionnaires et les tumeurs blanches ; l'action substitutive dans les vieilles fistules osseuses.

QUATRIÈME PARTIE

INDICATIONS THÉRAPEUTIQUES

Les indications des eaux de Biarritz sont celles des eaux chlorurées sodiques fortes, parmi lesquelles nous les avons rangées :

I

Tempérament lymphatique, Diathèse scrofuleuse.

Lorsque, par le fait de certaines circonstances particulières, la croissance ne s'accomplit pas dans les conditions physiologiques, on voit survenir chez l'enfant une série de troubles morbides, dont le *lymphatisme* constitue le premier degré, et la *scrofule* le second.

Le *lymphatisme* caractérise un *tempérament* spécial, donne lieu à une activité nutritive et fonctionnelle spéciales. La *scrofule* est une *diathèse*, et chez l'individu en puissance de diathèse, les mutations nutritives subissent de telles variations d'intensité ou s'accomplissent d'une façon si anormale, qu'il est presque fatalement condamné à certaines maladies spéciales, à un certain âge de la vie ; et que toutes les maladies, même accidentelles, qu'il aura, seront empreintes d'un cachet spécial (LE GENDRE, *Traité de médecine*, Tome I, art. *Troubles de la nutrition*).

Mais il est bien difficile de savoir à quel moment finit le lymphatisme, où commence la scrofule ; à quel moment l'individu cesse d'être lymphatique pour devenir scrofuleux. Et cependant, ce moment serait bien important à connaitre, car c'est alors surtout que la médecine thermale, appliquée à propos, a une grande puissance.

Lymphatisme et scrofule relèvent de la même *étiologie :* l'hérédité directe ou détournée ; une hygiène mauvaise ; les troubles gastro-intestinaux de la première enfance ; l'habitation dans les lieux humides, mal aérés, privés de lumière : voilà leurs causes. A un premier degré, c'est le lymphatisme qui est créé ; un degré de plus, c'est la diathèse scrofuleuse. Ce qui caractérise celle-ci, depuis que le domaine de la scrofule a été singulièrement rétréci, depuis qu'on a restitué à la tuberculose, à la syphilis, au parasitisme, ce qui leur appartenait, c'est (LE GENDRE, *loc. cit...*) une disposition durable qui rend plus facile et plus fréquent, sous l'influence de causes banales, le développement, chez certains enfants, de maladies fluxionnaires, hypérémiques, catarrhales, inflammatoires de la peau, de la muqueuse nasale, oculaire, pharyngée bronchique ; de l'amygdale. De là, la fréquence des *coryzas, rhinites, belpharo-conjontivites, laryngites,* etc... chez les scrofuleux, d'autant plus facilement contractées que les sueurs, d'ordinaire très abondantes chez eux, les exposent aux refroidissements.

Ces maladies, par leur répétition, leur tendance à la chronicité, engendrent l'habitus et le facies spécial du petit scrofuleux, de cet enfant à la face pâle et bouffie, à la peau fine et sensible, à la lèvre supérieure épaissie, au nez gros et étalé, à la bouche entr'ouverte, aux chairs molles, dont le portrait, tant de fois décrit, est parfaitement connu de tous les praticiens.

Tout accuse, chez lui, une gêne considérable de la circulation lymphatique. Beneke a montré que les os des scrofuleux contenaient plus d'eau, mais moins de sels calcaires, d'azote et de graisse, que ceux des autres sujets. Leur nutrition est ralentie. De plus, fait important, au point de vue clinique, les manifestations catarrhales, dont nous parlions tout à l'heure, se résolvent imparfaitement et retentissent sur le système ganglionnaire. Elles fournissent, en effet, de nombreuses portes d'entrée aux agents infectieux dont l'apport, sinon incessant, au moins fréquemment renouvelé, finit par déterminer l'inflammation chronique des ganglions. C'est ainsi que, sans parler des adénites tuberculeuses, on voit se développer des *adénites chroniques simples,* si souvent observées au cou, et caractérisées par le volume ordinairement restreint des ganglions, leur indolence, et les poussées aiguës dont elles sont parfois l'objet, auquel cas elles deviennent sensibles. C'est là un bon terrain préparé à l'évolution de la tuberculose.

Contre ces deux états morbides, la médication chlorurée sodique agit merveilleusement à titre de médication à la fois altérante, tonique, résolutive. Nos eaux, en raison même de leur riche minéralisation, modifient profondément cette manière d'être de l'organisme propre aux lymphatiques et aux scrofuleux, et le taux nutritif des sujets en puissance de l'un ou l'autre de ces états morbides.

L'action tonique s'exerce ici, avec plein succès, contre l'anémie, l'atonie des tissus et des divers systèmes, chez les jeunes femmes et les enfants délicats qui présentent un défaut d'énergie fonctionnelle du cerveau (paresse intellectuelle) ou du système nerveux (fatigue rapide, apathie) (Foix).

L'action résolutive triomphe des engorgements ganglionnaires et des adénites chroniques. Par les bains, les compresses, on obtient presque toujours une grande diminution de volume des adénopathies, et souvent leur disparition, à la condition de faire plusieurs saisons consécutives.

Nous devons parler ici de l'*adénopathie tracheo-bronchique*. A côté de la forme grave, tuberculeuse, de cette affection, il existe une forme relativement bénigne, sur laquelle J. Simon a beaucoup insisté dans ses cliniques, qui reconnaît pour cause l'hypertrophie ganglionnaire simple, et survient chez les lymphatiques, à la suite de la rougeole, de la coqueluche, ou dans le cours de la bronchite chronique. C'est contre celle-ci, beaucoup plus que contre l'adénopathie tuberculeuse, que nous avons vu les bons effets de nos eaux. Ceux-ci s'accusent par une atténuation marquée ou même une disparition complète de la toux coqueluchoïde, de la dyspnée, la réapparition du murmure vésiculaire en certains points où il avait presque complétement disparu. Les enfants, après leur saison, passent de meilleurs hivers, ont une susceptibilité des voies respiratoires beaucoup moins marquée, et subissent beaucoup moins l'influence des variations hygrométriques ou barométriques. Ce sont là résultats importants, car les adénopathies simples constituent souvent la période initiale de la tuberculose ganglionnaire. Ces effets favorables sont dus à l'action tonique et résolutive de nos eaux. Si quelque chose gêne un peu dans l'application du traitement, c'est l'irritabilité nerveuse qui souvent existe chez les petits malades, mais, grâce à l'adjonction des eaux-mères au bain salé, il est exceptionnel que le traitement ne puisse être suivi.

II

Rachitisme.

Si, de tout temps, les médecins ont préconisé les bains salés contre le rachitisme, c'est qu'ils produisent, dans le traitement de cette redoutable affection, des effets véritablement merveilleux.

Bouchard définit le rachitisme « une anomalie de la nutrition de l'enfant, qui produit un accroissement excessif des tissus d'ossification, avec une calcification insuffisante de ces tissus, et qui a pour conséquence des déformations, passagères ou durables, des diverses parties du corps. »

Pour lui et pour ses élèves, la cause réelle du rachitisme réside dans une insuffisance de la chaux et des phosphates alimentaires, ou dans une mauvaise élaboration de ce phosphate de chaux qui n'est pas absorbé, ou qui, absorbé, ne peut plus se fixer sur les éléments anatomiques. Pour d'autres, le rachitisme est une auto-intoxication. Comby, ayant constaté la fréquence de la dilatation de l'estomac chez les enfants, fait du rachitisme une auto-intoxication due à l'ectasie gastrique. D'après Kassowitz, le défaut de calcification des tissus osseux tient à une exagération de l'activité circulatoire, de l'hypérémie physiologique qui existe déjà du côté des extrémités osseuses en voie d'accroissement.

Pour Parrot, il s'agit d'une manifestation de la syphilis héréditaire, dont le rachitisme constitue la dernière étape (Congrès de Londres, 1881). Cette théorie, vivement combattue par la plupart des médecins, a été défendue par Gibert, du Havre, dans un mémoire paru en 1888.

Notre excellent maître, le professeur Fournier (*Syphilis héréditaire-tardive* 1886), trouve la théorie de Parrot trop absolue. Pour lui, la syphilis, qui engendre souvent autre chose que de la syphilis, fait du rachitisme, comme, dans certains cas, elle fait du tubercule. Le rachitisme n'est alors qu'une conséquence banale de l'influence dyscrasique exercée par la syphilis sur l'ensemble de l'organisme, et en particulier sur le système osseux.

Quoi qu'il en soit de ces diverses théories, il est un fait acquis, c'est que, ce qui caractérise les os rachitiques, c'est la raréfaction de leur tissu compact ou de leur tissu spongieux, leur excessive vascularisation, la formation du tissu spongioïde au niveau des épiphyses, du tissu ostéoïde au niveau de la diaphyse. Quand la guérison survient, on voit le tissu spongioïde perdre ses vaisseaux, devenir plus blanc, se résorber et se détruire (A. Pollosson, de Lyon); le tissu ostéoïde se transforme en tissu osseux.

Chimiquement, les os rachitiques sont très pauvres en sels calcaires (20 °/₀ au lieu de 63 °/₀) et très riches en eau, en graisse et en acide carbonique (Friedleben). Or, A. Robin l'a prouvé, la balnéation chlorurée sodique — surtout les bains pur sel — diminue la désintégration des organes riches en phosphore. De plus, en augmentant le coefficient d'oxydation, en diminuant l'azote incomplétement oxydé des matières extractives azotées, elle remédie avantageusement aux intoxications d'origine gastro-intestinale. A ce double titre, son emploi devait être suivi de succès dans le traitement du rachitisme, et il est de fait qu'elle réussit merveilleusement chez les petits rachitiques.

A la période de début, quand les troubles digestifs sont très marqués, les vomissements fréquents ; quand la diarrhée, presque continuelle, donne lieu à des selles très acides, lientériques ; lorsque, surtout, il y a de la fièvre, les eaux sont formellement contre-indiquées ; mais, plus tard, à la période d'état, elles sont au contraire absolument indiquées. Bien souvent, nous avons vu des enfants ne voulant et ne pouvant pas, à leur arrivée, se tenir sur leurs jambes, ayant une antipathie extrême pour tout mouvement, commencer à marcher au bout de 10, 12, 14 bains salés, retrouver la gaîté et l'entrain, avoir meilleur appétit. Les os de ces mêmes enfants deviennent plus résistants, se redressent, et cela d'autant plus vite que la maladie est plus récente. Les courbures des os autres que les os des membres sont les plus rebelles.

Le travail de la dentition, généralement très retardé, subit, sous l'influence de la médication salée, une accélération rapide.

Les bains sont généralement bien supportés ; aussi peut-on arriver vite aux bains entiers. Ce sont eux qui donnent les meilleurs résultats.

Or, A. Robin a montré que, de tous les bains, le bain pur sel est celui qui diminue le plus la désassimilation en phosphore et augmente le plus les oxydations.

III

Déviation de la colonne vertébrale.

A côté du rachitisme, il importe de signaler, comme très favorablement modifiées par nos eaux, certaines déviations de la colonne vertébrale ; nous entendons par là des déviations *primitives*, survenues en dehors de toute altération du rachis.

On a de très bons résultats dans la *cyphose* des tout jeunes enfants, habituellement des rachitiques, quand ils sont cyphotiques. On les voit, au bout de quelques bains, se tenir plus droits, se redresser. Dans celle des adolescents, chez ces jeunes sujets au dos rond, prématurément voûtés, les eaux ont une influence favorable, mais moins marquée.

Elles sont très utiles dans les cas de *scoliose*, si fréquents chez les adolescents, chez les jeunes filles en particulier, à la suite d'attitudes vicieuses, et de croissance trop rapide et si souvent héréditaire. La médication chlorurée sodique, par son action reconstituante, combat la chlorose et l'anémie des scoliotiques, tonifie vigoureusement ces malades que le moindre travail, la moindre marche fatigue, et ce résultat est important dans une affection qui s'aggrave souvent, en raison directe de la faiblesse du malade. Il agit donc ici comme les modificateurs généraux. Mais l'action des douches locales est aussi très précieuse. Les déformations de la région dorsale supérieure sont celles qui guérissent le mieux ou sont le mieux amendées par le traitement. Celles de la région dorso-lombaire sont beaucoup plus tenaces (Foix). En réalité, c'est surtout lorsqu'il s'agit d'une simple flexion latérale du rachis, se réduisant aisément par un léger effort du malade, ou une légère pression (Kirmisson), que nous obtenons de bons résultats, et que nous avons pu voir diminuer et même disparaître des scolioses. Lorsqu'il existe une gibbosité, on atténue les déformations, on enraye la marche de la maladie. Il ne faut pas demander davantage. Plusieurs cures successives sont de rigueur, car la scoliose, une fois créée, peut progresser tant que le développement du squelette n'est pas complet.

IV

Tuberculose.

I.— Tuberculose osseuse.

Signalée par Delpech, de Montpellier, par Serres et par Nichet, de Lyon, admirablement décrite par Nélaton, la tuberculose osseuse n'a été réellement admise sans conteste, que grâce aux expérimentateurs modernes. Parmi les travaux contemporains, ceux de notre excellent maître, le professeur Lannelongue, la thèse de Ch. Nélaton, ont une importance particulière.

Nous obtenons de très bons résultats, surtout dans la tuberculose des os longs, en particulier ceux de la main et du pied ; ils sont plus lents à se produire dans celle des os plats et des os courts. A la première période, lorsqu'il n'y a encore que de la douleur et du gonflement, les résultats favorables se traduisent par une diminution de la sensibilité à la pression, de l'épaississement du périoste et de la couche osseuse sous-jacente : l'os malade est moins volumineux. Si l'abcès est formé, mais non ouvert, on observe assez souvent une résorption, pourvu que les parties molles qui le recouvrent ne soient pas trop enflammées. On voit alors le tuberculome durcir et devenir plus petit. Souvent, au contraire, les bains déterminent une inflammation plus ou moins vive, et l'abcès s'ouvre si on n'intervient pas. Mieux vaut ne pas attendre l'ouverture spontanée. Le contact de l'eau salée détermine alors une réaction locale, évidemment variable avec le degré de densité du bain, mais beaucoup moins intense qu'on ne pourrait le croire. Si la lésion osseuse de laquelle émane l'abcès est superficielle, très souvent elle s'élimine avec la suppuration, devenue plus abondante. Si elle est profonde, généralement l'abcès, après avoir suppuré un certain temps, se tarit incomplètement, et aboutit à la production d'une fistule. Le trajet fistuleux est-il entretenu par un séquestre volumineux, la guérison ne s'obtient qu'au prix d'une intervention chirurgicale. Si, au contraire, le séquestre est petit, assez superficiellement placé, il finit par être éliminé sous forme de petites parcelles osseuses qui demandent à être recherchées avec soin dans les pièces du pansement pour être constatées.

Les changements survenus dans l'état général priment l'amélioration locale et se traduisent par une augmentation de poids, un meilleur fonctionnement des voies digestives, etc...

Ajoutons que ces résultats favorables ne sont malheureusement pas constants ; on a d'autant plus de chance de les obtenir que le sujet est plus jeune, que le tissu osseux a plus de vitalité, qu'il s'agit de malades lymphatiques, anémiés. Les insuccès, relatifs ou absolus, nous les avons presque toujours constatés chez des malades âgés, ou encore chez des arthritiques rhumatisants. Marsoo, de Salies, avait déjà signalé le fait à propos des ostéo-arthrites tuberculeuses. Ces malades-là, d'ailleurs, ont besoin d'être traités avec plus de ménagements. Les bains et les douches de robinets, qui constituent la base du traitement des tuberculoses osseuses, déterminent souvent chez eux des poussées, et il importe de surveiller la médication d'une façon tout à fait particulière.

II. — Tuberculose vertébrale.

Nous avons eu l'occasion de soigner de nombreux cas de cette redoutable affection, si bien étudiée et si bien décrite par notre maître, le professeur Lannelongue, et voici, en résumé, ce que nous avons constaté :

Localement, les eaux n'ont aucune action sur la gibbosité. Mais les abcès par congestion subissent d'habitude un retrait assez marqué, qui va de pair avec leur durcissement. Sous l'influence des bains, les troubles de la motilité et les troubles de la sensibilité, dans certains cas, s'atténuent. Enfin, l'amélioration de l'état général est un fait constant, de telle sorte que la médication chlorurée-sodique constitue un adjuvant précieux des autres traitements, en particulier de l'immobilisation ; et nous croyons fermement que, dans les maux de Pott au début, elle favorise la guérison sans déformation.

III. — Ostéo-arthrites tuberculeuses.

Parmi les ostéo-arthrites tuberculeuses, la coxalgie mérite une mention toute spéciale, et sera décrite à part. Nous ne parlerons ici que des autres tumeurs blanches : du genou, du coude, du poignet ; mais, ce que nous avons déjà dit des tuberculoses osseuses, ce que nous dirons plus tard des synovites fongueuses, nous dispensera d'entrer dans de longs détails. Il y a, en effet, ici, deux choses à envisager : les lésions des os, les lésions de la synoviale. Or, le professeur Lannelongue l'a démontré, au début il s'agit presque toujours d'une *ostéite tuberculeuse :* la jointure ne se prend que secondairement.

Dans les arthrites fongueuses *subaiguës* avec élévation de la température vespérale, laquelle indique presque toujours la formation du pus au sein de l'article, il est sage de s'abstenir complétement, et d'attendre , pour traiter une tumeur blanche par les eaux salées, que depuis longtemps le sujet n'ait plus de fièvre.

Dans les ostéo-arthrites *chroniques*, sans exacerbations fréquentes, il faut distinguer les cas où il y a du pus, de ceux où il n'y en a pas.

Dans les arthrites fongueuses *non suppurées*, de moyenne intensité, avec épaississement de la synoviale, surtout accusé au niveau des culs de sac, empâtement marqué des parties molles, quelquefois une légère hydarthrose, ou, au contraire, des craquements assez forts, pénibles et surtout effrayants pour les malades ; dans ces arthrites où les malades souffrent peu, éprouvent surtout une grande pesanteur du membre, le traitement salin convient à merveille. Il favorise la résorption des fongosités, leur transformation fibreuse, et peut, en produisant un remontement parallèle de l'état général, aboutir à une guérison absolue.

A un degré de plus, lorsque l'articulation très déformée est remplie de fongosités, que les mouvements sont très gênés, qu'il existe des douleurs assez vives, la guérison est encore possible, quoique beaucoup plus lente à se montrer. C'est ici qu'il importe d'user de bains très mitigés, de façon à ne pas provoquer de poussées aiguës qui amèneraient fatalement la suppuration, si elle n'existe déjà.

Dans les tumeurs blanches *suppurées*, il faut respecter les collections peu volumineuses. Elles peuvent se résorber (Foix). Il faut ouvrir, par une *petite* incision, les gros abcès. L'entrée de l'eau salée dans la cavité augmente la quantité du pus, et souvent est suivie d'une réaction assez violente pour nécessiter une suspension de traitement pendant quelques jours. Au bout d'un temps plus ou moins long, on observe généralement une terminaison par ankylose. Nous avons cependant pu voir un cas très remarquable de tumeur blanche du genou, guérie avec intégrité absolue des mouvements, après évacuation spontanée d'un énorme abcès intra-articulaire. Très souvent aussi, la maladie aboutit à la production de *fistules*, qui finissent par guérir, avec ou sans intervention chirurgicale, avec ou sans ablation de sequestres. Il en est de même chez les malades porteurs de tumeurs blanches déjà ouvertes et déjà fistuleuses. Dans tous ces cas, plusieurs saisons sont nécessaires pour arriver à un bon résultat.

IV. — Coxo-tuberculose.

Le professeur Lannelongue, dans son remarquable travail (*Leçons sur la Coxo-tuberculose*. Paris, 1886) a démontré l'origine osseuse de la coxalgie. Il n'est donc pas surprenant que nos eaux, si efficaces dans les tuberculoses osseuses en général, aient produit ici d'excellents résultats. L'expérience l'a prouvé.

A une affection aussi grave, occupant la plus grande articulation, retentissant d'une façon si profonde sur l'organisme, au moins dans la grande majorité des cas, il importe d'opposer, avec les moyens locaux, une médication générale, tonique, capable de mettre l'organisme en état de résister. Les eaux salines, si puissamment reconstituantes, répondent très bien à cette indication. Plus l'état général du malade laisse à désirer, plus il est anémié, fatigué, déprimé, plus elles conviennent. Le traitement amène, d'une façon à peu près constante, le remontement de l'individu. De l'amélioration générale découle indirectement une grande amélioration locale, qui, du reste, se produit souvent d'emblée.

Dans les coxo-tuberculoses *sans abcès*, au bout d'un certain nombre de bains, la douleur spontanée (abstraction faite des douleurs très vives, paroxystiques, qui ne cèdent qu'à l'extension continue et qui contre-indiquent momentanément l'usage des eaux) et la douleur provoquée par la pression aux divers lieux d'élection (aine, trochanter, tête fémorale, etc.,) va en s'atténuant, et parfois même disparaît complétement pendant la cure. Parallèlement, la contracture des muscles voisins de l'articulation tend à céder ; les mouvements du membre acquièrent un peu plus d'amplitude ; les attitudes vicieuses se corrigent, en partie. En examinant fréquemment et avec attention les ganglions inguinaux et les ganglions iliaques, on constate qu'ils diminuent de volume : seules les atrophies musculaires sont peu ou pas modifiées.

Lorsque la coxo-tuberculose s'accompagne *d'abcès*, si ceux-ci n'ont pas encore percé, il n'est pas rare de voir les tuberculomes subir une réduction de volume. Le fait, en lui-même, n'a rien de bien surprenant. Ne voit-on pas, en effet, dans la coxalgie, cette résorption se faire parfois spontanément ? Mais nous avouons n'avoir jamais vu cette résolution s'opérer d'une manière complète, *pendant la cure*. En un mot, nous avons vu des abcès diminuer, nous n'en avons jamais vu disparaître.

Quand il existe des *trajets fistuleux*, le premier effet du traitement est, d'habitude, d'augmenter leur suppuration ; le second, celui de la diminuer. On peut voir ainsi se fermer un ou plusieurs des trajets qui entourent l'article. Nous n'avons jamais constaté l'expulsion de gros sequestres.

Pour avoir de bons résultats, il faut des saisons longues et répétées. C'est chez les jeunes sujets, chez les scrofuleux, c'est-à-dire chez ces enfants fréquemment atteints d'inflammations superficielles des muqueuses, à récidive facile, à retentissement ganglionnaire, que nous obtenons les meilleurs. Parmi les malades atteints de coxo-tuberculose, il en est dont la santé générale se maintient assez bonne ; d'autres sont profondément minés par leur mal : ce sont ceux-là surtout qu'il faut envoyer aux eaux chlorurées sodiques fortes.

V. Synovites tuberculeuses.

(Synovites fongueuses)

De nombreux travaux, dont les plus récents remontent à une dizaine d'années, ont définitivement prouvé la nature tuberculeuse des synovites fongueuses. MM. Terrier et Verchère, dans un très intéressant mémoire paru en 1882, ont synthétisé les caractères de cette affection.

Au point de vue de l'action exercée sur elle par nos bains et nos douches salés, il importe de distinguer les synovites ulcérées et celles qui ne le sont pas.

C'est dans ces dernières, quand elles sont primitives, qu'elles se montrent chez des sujets encore indemnes de tuberculose, indépendamment de toute lésion osseuse ou articulaire, que les eaux agissent le plus favorablement. Le gonflement constaté sur le trajet des tendons, l'empâtement profond, la rénitence particulière du tissu malade diminuent; les fongosités se tassent, et après une ou plusieurs saisons, disparaissent complétement; les tendons, redevenus libres, recouvrent leur motilité, s'il n'existe pas d'atrophie musculaire trop marquée. C'est dans ces cas que les douches locales sont très utiles.

Quand il existe des *ulcérations*, lorsque la peau présente de nombreuses crevasses, laissant voir des fongosités, molles, saignant au moindre attouchement, tantôt le contact de l'eau salée modifie heureusement l'état des tissus morbides, favorise l'élimination des parties malades; tantôt, au contraire, les plaies prennent mauvais aspect, la peau qui entoure les cratères devient luisante, des douleurs assez vives se montrent. La première chose à faire, dans des cas semblables, est de conseiller aux malades de prendre leur bain sans immerger la portion du membre siége de la synovite, ou de la protéger par une bonne couche de pommade isolante contre l'action de l'eau. Mais, même en prenant cette précaution, on sera parfois obligé de renoncer à la médication.

VI. — Tuberculose ganglionnaire.

De toutes les tuberculoses, c'est la tuberculose ganglionnaire que nous observons le plus communément et, hâtons-nous de l'ajouter, c'est celle que nous traitons avec le plus de succès.

Faisons abstraction ici des adénites symptomatiques d'une lésion tuberculeuse de voisinage, et n'envisageons que les *adénites tuberculeuses primitives*.

Au point de vue des effets obtenus, la consistance du ganglion est importante à envisager. Les adénopathies *dures*, roulant sous le doigt, durcissent davantage, se rétractent, diminuent de volume, et finissent par disparaître complétement, après plusieurs saisons. Ou bien, après avoir beaucoup diminué, elles restent stationnaires, et persistent à l'état de noyaux durs, indolents, *sclerosés*. La condition essentielle de leur atrophie est donc de ne pas avoir déjà subi la transformation fibreuse.

Les ganglions sont-ils *ramollis*, caséeux, ils peuvent encore se résorber, si la peau qui les recouvre n'est pas trop enflammée. Dans le cas contraire, ils s'ouvrent ; mieux vaut prévenir leur ouverture spontanée et souvent disgracieuse, par une petite incision avec un bistouri à lame fine et étroite, qui permettra à l'eau salée de pénétrer dans l'intérieur de la poche, d'en modifier la paroi, et d'activer la détersion de son contenu. Finalement, la cicatrisation survient. Il ne reste qu'une tuméfaction dure, formée par la coque cellulo-fibreuse du ganglion détruit.

Ces modifications sont faciles à observer dans les adénites mono-ganglionnaires. Elles se reproduisent également dans les chapelets glanglionnaires; dans la *polyadénite* des strumeux, ou dans ces gros paquets ganglionnaires, qu'on est fréquemment appelé à observer, notamment dans la région cervicale, où le diagnostic avec le lymphadénôme n'est pas toujours aisé. Qu'il s'agisse de polyadénite ou de gros paquets ganglionnaires, le premier effet de la médication par les bains, par les douches locales filiformes, est de dissocier les ganglions accolés, de produire la fonte du tissu intermédiaire aux divers ganglions (périadénite tuberculeuse).

Quand il s'agit de vieilles masses ganglionnaires caséifiées, ulcérées, s'éliminant d'une façon intermittente par des vieilles fistules qui tantôt s'ouvrent, tantôt se ferment, le traitement a d'ordinaire pour résultat d'augmenter la suppuration et de faciliter ainsi l'élimination des parties malades; mais souvent, pour obtenir une cicatrisation définitive, il est indispensable de procéder à la décortication des parois et au grattage de ces vieux abcès.

En résumé, les résultats dans le traitement des tuberculoses ganglionnaires sont très bons. Nous ajouterons, en terminant ce chapitre, que les malades doivent compter sur des saisons longues et souvent répétées ; et cela, au double point de vue curatif et prophylactique, car, dans cette affection, les récidives sont fréquentes et causées par un état général défectueux qu'il importe de modifier.

VII. — Tuberculose testiculaire.

« Affection à marche chronique, caractérisée par des productions tuberculeuses qui se déposent le plus souvent dans l'épididyme, mais qui peuvent envahir d'emblée ou successivement la glande toute entière. Celle-ci devient alors dure, bosselée, irrégulière, puis, sous l'influence de poussées aiguës ou subaiguës, elle se ramollit en certains points qui adhèrent à la peau, s'ouvrent et laissent après eux des fistules intarissables. Lorsque l'affection débute par les symptômes d'une orchite franche — ces cas existent et sont moins fréquents — on dit qu'il y a orchite tuberculeuse. » Telle est la définition due à Reclus, qui résume, d'une façon complète, l'histoire de la maladie. C'est surtout à ses travaux et à ceux de

Malassez que nous devons l'unité pathologique de la tuberculose testiculaire.

L'*état général* des sujets en puissance de cette terrible maladie n'est pas toujours proportionnel à l'état local, ainsi que le font remarquer TERRILLON et MONOD (*Tuberculose du testicule et de ses annexes*, Paris, 1889). Beaucoup, malgré leur lésion génitale, ont une superbe apparence de santé, bien que présentant les attributs du tempérament dit scrofuleux. D'autres, au contraire, sont porteurs, en plusieurs points, d'accidents de même nature tuberculeuse. A ceux-là, plus encore qu'aux premiers, Biarritz convient, car ils sont plus profondément atteints, et la multiplicité des lésions peut contre-indiquer toute intervention chirurgicale.

Localement, les eaux ont un très bon effet. Il est de règle d'observer, en pareil cas, la diminution de volume des bosselures, leur rétraction, leur durcissement plus marqué sous l'action des bains. Le bain salé favorise beaucoup, croyons-nous, la transformation fibreuse, conjonctive, des dépôts tuberculeux ; mais, avant de subir ces modifications, les bosselures deviennent plus apparentes, le tissu périglandulaire, épaissi, chroniquement enflammé, disparaît. La *restitutio ad integrum* est rare, mais elle s'observe.

Les bosselures *ramollies* se comportent comme les adénites bacillaires : une partie de leur contenu se résout ; une partie suppure, et se vide à travers le scrotum. L'écoulement, au bout d'un temps plus ou moins long, aboutit soit à la cicatrisation, soit à la production d'une *fistule*. Celles-ci guérissent souvent, sans qu'il soit besoin d'intervention chirurgicale. Il en est qui, s'étant détergées de leur matière caséeuse, tapissées seulement de vieilles fongosités, n'ont aucune tendance à la guérison. Les eaux les modifient très favorablement, et agissant là comme les injections irritantes, elles amènent leur cicatrisation.

Les lésions prostatiques nous ont paru plus rebelles au traitement. Elles subissent bien une évolution parallèle à celle des lésions glandulaires, mais cette évolution est beaucoup plus lente.

VIII. — Tuberculose péritonéale.

Nous avons eu à soigner trois cas de *tuberculose péritonéale*. Chez ces malades très anémiés, très débilités, nous avons toujours obtenu une amélioration considérable de l'état général. Localement, dans un cas, l'état est demeuré stationnaire ; dans les deux autres, le traitement a amené une diminution notable des plaques d'induration, une souplesse plus grande du ventre, en un mot, une amélioration incontestable. L'un de ces malades a fait une deuxième cure : les résultats favorables ne s'étaient pas démentis.

Dans le traitement de cette affection, il importe d'aller très prudemment, d'éviter la diarrhée, de commencer par des bains très mitigés, et d'employer progressivement des bains plus concentrés, au fur et à mesure de l'augmentation des urines (Foix).

IX. — Tuberculoses cutanées.

(Lupus ; Gommes).

Dans trois cas de *lupus* de la joue, la médication a produit un remontement très marqué de l'organisme ; elle constitue donc un adjuvant puissant des autres méthodes thérapeutiques chez les sujets qui ont besoin d'être vigoureusement tonifiés. Elle prépare les malades à une intervention active ; elle confirme une guérison obtenue (Marsoo). Nous ne croyons pas qu'il soit possible de lui demander davantage.

Nous n'avons eu l'occasion de soigner qu'un nombre restreint de gommes tuberculeuses, ou mieux de *gommes scrofulo-tuberculeuses*. (E. Besnier, article du *Dict. Encycl.* 1883). Les unes, à la période de crudité, étaient formées par de petites nodosités dures, adhérant légèrement à la peau, présentant à leur niveau une coloration rouge violacée, livide. Il est rare que nous n'ayons pas obtenu une résolution *partielle* des tumeurs. Nous avons gardé souvenir, notamment, d'une jeune femme, d'une santé générale d'ailleurs excellente, qui portait aux joues, sur les bras, sur les seins, de nombreuses petites gommes, variant du volume d'un pois à celui d'une noisette. Cette malade avait été traitée comme syphilitique. Notre maître, le professeur Fournier, redressa le diagnostic et nous envoya la malade. Deux saisons l'ont à peu près complètement guérie.

Dans des cas semblables, il est souvent indiqué de n'employer que les bains, de s'abstenir de tout moyen local, pour ne pas s'exposer à produire la *suppuration* et l'*ulcération* de la tumeur.

Lorsque celles-ci existent, les eaux activent généralement la guérison, en détergeant la cavité de l'abcès dermique et en favorisant la cicatrisation.

V

Maladies des Femmes.

1.— Troubles de la menstruation.

Nos eaux, avons-nous dit, sont éminemment *toniques ;* de plus, elles sont *emménagogues*. A ce double titre, on les utilise dans certains cas d'aménorrhée, de ménorrhagies, de dysménorrhée, chez les jeunes filles ou les jeunes femmes.

Tous ces troubles morbides, bien souvent se produisent en l'absence de lésion locale utérine ou ovarienne, et ne relèvent que d'un état général défectueux. La chloro-anémie, les perturbations profondes apportées dans le bon fonctionnement du système nerveux, par une cause émotive quelconque (chagrin, frayeur), par un refroidissement brusque ; la polysarcie, l'obésité précoce constituent les causes générales, habituelles en pareil cas. Fréquemment plusieurs de ces causes s'ajoutent les unes aux autres.

L'*aménorrhée* est *absolue* ou *relative*. Les régles sont ou complètement supprimées, ou seulement diminuées. Quelquefois, il ne s'agit que d'un simple retard dans la première apparition des menstrues. Les *hémorrhagies* sont ou des règles très profuses, ou de véritables métrorrhagies : la *dysménorrhée* est plus ou moins marquée, mais, généralement les malades souffrent d'autant moins qu'elles perdent davantage.— Dans tous ces états la médication chlorurée sodique rend de grands services. Par son action tonique elle remonte les malades, et, indirectement, corrige les troubles nerveux. Ceux-ci constitueraient souvent un véritable obstacle à l'emploi des bains salés, mais, grâce à l'eau-mère, il est exceptionnel qu'on ne puisse pas traiter les malades. Une amélioration considérable est de règle après une première saison. Souvent même, dans le cas d'aménorrhée, on assiste à un *retour des menstrues* pendant la cure.

II. — Métrites.

Il est reconnu aujourd'hui que la plupart des métrites, sinon toutes, sont d'origine infectieuse, microbienne ; mais, à côté de cette question de « graine », il existe une question de « terrain » très importante à considérer, car elle joue un grand rôle, et sert à expliquer, sinon la production de la maladie, au moins la persistance des inflammations locales, et l'insuccès relatif ou absolu des interventions opératoires. Parmi les causes qui favorisent la chronicité de l'*endométrite*, la chloro-anémie, le lymphatisme, la scrofule, tout ce qui affaiblit l'organisme et le rend plus vulnérable, nous intéressent particulièrement. Ces causes impriment à la maladie un cachet et des allures spéciales, et s'il est exagéré de décrire, comme l'a fait Martineau, une métrite constitutionnelle et une autre qui ne l'est pas, il n'en est pas moins vrai que chaque diathèse donne aux lésions inflammatoires de l'utérus une physionomie un peu spéciale et modifie leur évolution.

Formellement contre-indiqué dans les métrites aiguës, sans action favorable dans les métrites avec douleurs vives, s'exacerbant sous la moindre influence, et avec poussées congestives faciles, le bain salé réussit au contraire très bien dans l'endométrite hémorrhagique de la *puberté* et de la *ménopause*. Il modère les hémorrhagies, soit indirectement, en modifiant l'état général des malades (de Lostalot), soit directement, en régularisant la circulation utérine et ovarienne. Mais, c'est surtout contre la *métrite cervicale* des jeunes femmes lymphatiques, s'accompagnant d'une leucorrhée très abondante, d'une hypertrophie considérable de l'utérus, que nos eaux réussissent le mieux. Le bain salé, aidé du spéculum de bain, diminue, par son action résolutive, le volume de l'organe. L'écoulement leucorrhéique, après avoir augmenté au bout de quelques bains, diminue, et cesse. Il s'opère là une sorte de substitution favorable, et celle-ci, à laquelle vient s'ajouter l'action tonique et altérante exercée par les eaux sur tout l'organisme, conduit à la guérison complète, réserve faite pour les cas où la maladie est par trop invétérée. On évite ainsi aux malades les ennuis d'un curettage. S'il existe des lésions très anciennes, très profondes de la muqueuse, l'amélioration générale, sous l'influence du traitement salin, reste un fait constant. Elle a pour avantages de rendre plus efficace et d'assurer le succès définitif de toute intervention chirurgicale jugée nécessaire à la guérison.

III. — Fibromes.

De toutes les affections utérines qu'on traite aux eaux chlorurées sodiques, les fibromes constituent certainement la plus fréquente. Le résultat pour ainsi dire constant de la médication salée, consiste dans une amélioration très marquée de l'*état général* des malades, si souvent épuisées : la nutrition générale se relève.

L'*action locale* existe aussi. Elle est indéniable, mais on ne l'observe pas à un degré de fréquence aussi grand. Quand elle se produit, elle s'accuse : 1° par une diminution de volume ; 2° par une atténuation ou une disparition complète des principaux symptômes, en particulier des hémorrhagies.

La diminution de volume s'obtient surtout avec es tumeurs fibreuses *sous-péritonéales*. Si la paroi abdominale est mince, on peut voir, sous l'influence des bains et des compresses d'eau-mère, les exsudats périmétritiques subir une régression progressive, disparaître, et, au fur et à mesure de leur disparition, les noyaux fibreux devenir plus apparents, s'isoler, alors qu'au début de la cure ils ne formaient qu'une masse uniforme. C'est alors qu'on observe la rétrocession du fibrome lui-même. Elle est généralement précédée par son ramollissement (Foix). Nous n'avons jamais vu de regression totale des fibromes, et avec notre excellent collègue et ami de Lostalot, nous pensons que, si elle existe, elle est exceptionnelle ; mais nous avons souvent observé des fibromes qui diminuaient d'un tiers ou même de moitié après une, deux, trois saisons.

Parallèlement à cette diminution de volume s'atténuent les phénomènes de compression : dysurie, envies fréquentes d'uriner ; constipation ; congestion des veines hémorrhoïdales ; douleurs névralgiformes. Leur disparition ne saurait être considérée comme une preuve absolue de la rétrocession du fibrome, mais elle a cependant une grande valeur, et, dans la plupart des cas, leur constatation, aidée de l'examen par le palper bimanuel, suffit pour affirmer une diminution de volume. Dans les cas douteux, l'hystéromètre permettra toujours de se prononcer d'une façon absolue.

Le bain salé exerce aussi très souvent une action modératrice sur les hémorrhagies liées à l'endométrite, qui accompagne presque toujours les corps fibreux et surtout ceux voisins de la muqueuse. C'est principalement chez les malades parvenues à la ménopause que nous avons observé cette action sédative des ménorrhagies, d'autant plus précieuse ici, qu'il s'agit de femmes souvent très anémiées ; et on peut dire, du reste, que les eaux favorisent puissamment la tendance naturelle des corps fibreux à diminuer de volume, et à s'atrophier au moment de l'âge critique.

IV. — Déviations utérines.

(Anteversion ; Anteflexion ; Retroflexion.)

Les déviations utérines reconnaissent deux causes principales : l'inflammation métritique de l'organe lui-même ; le relâchement des ligaments destinés à le soutenir et à l'orienter.

Contre ces deux causes, les eaux chlorurées sodiques peuvent beaucoup. Par leur action résolutive, elles diminuent le volume, ordinairement augmenté, de l'utérus, et favorisent la resorption des adhérences ou des exsudats périmétritiques qui fixent l'organe dans une mauvaise position. Par leur action tonique locale, elles rendent aux ligaments leur tonicité perdue, et augmentent leur résistance. Ces résultats sont loin d'être constants ; on a d'autant plus de chances de les obtenir qu'il s'agit de lésions plus récentes.

V. — Ovario-salpingites ; paramétrite ; pelvi-péritonite.

Résultat d'une inflammation utérine, propagée à la trompe par voie de continuité ou par l'intermédiaire des vaisseaux lymphatiques : l'*ovario-salpingite*, une fois créée, constitue une affection opiniâtre, tenace, rebelle aux moyens médicaux. Aussi sommes-nous loin d'obtenir toujours, par nos eaux, ce que nous obtenons dans certaines formes d'endométrite.

Pour que la cure soit indiquée, il faut d'abord que la chronicité de la maladie soit absolument établie. Nulle part, l'absence de toute acuité ou même subacuité, ne s'impose plus formellement qu'ici. Il faut ensuite n'employer que des bains salés très mitigés. Les bains trop forts peuvent provoquer de ces poussées de peri-salpingite, de pelvi-péritonite, si fréquents à se produire dans l'affection qui nous occupe, à l'occasion d'une fatigue, d'un excès quelconque, ou même sans cause appréciable.

Par contre, prises dans les conditions que nous indiquions tout à l'heure, à l'aide de bains peu concentrés, nos eaux sont très souvent utiles. On ne saurait les affirmer capables d'amener la regression d'une trompe dure, épaissie, comme celle de la salpingite chronique, mais elles favorisent la resolution des noyaux de *paramétrite*, des empâtements diffus qui entourent les trompes malades. Au fur et à mesure de leur disparition, il n'est pas rare de percevoir plus distinctement la trompe, sous forme d'un cordon dur, noueux, plus ou moins adhérent aux parois du bassin.

Ce que nous venons de dire s'applique aussi aux *pelvi-péritonites*. Pour qu'elles bénéficient de nos eaux, il faut qu'elles soient très anciennes.

VI

Chlorose, chloro-anémie.

La *Chlorose*, l'anémie chlorotique essentielle, est une entité morbide bien caractérisée. Maladie de déchéance, reconnaissant pour cause l'hérédité, tantôt directe, ce qui est fréquent (Pr Potain),— les chlorotiques engendrent des chlorotiques — tantôt indirecte,— les chlorotiques naissant de parents tuberculeux — elle survient le plus souvent au moment de la puberté, avec ou sans cause occasionnelle. Deux faits dominent son histoire : une difficulté particulière des hématoblastes à se transformer en hématies ; le peu de viabilité de celle-ci. (GILBERT, art. *Chlorose in Traité de Médecine*). Elle est accompagnée par la triade symptomatique des troubles génitaux, digestifs et nerveux, auxquels s'ajoutent les souffles vasculaires. Le sang des chlorotiques est pauvre en hémoglobine, et doué d'une très faible activité de réduction dans les tissus.

L'anémie, au contraire, la *chloro-anémie* n'est pas une maladie ; elle n'est que le symptôme de nombreuses maladies. Pour le professeur Hayem, c'est une chlorose surajoutée à un état pathologique préexistant. (GILBERT, *loc. cit.*). La tuberculose, la syphilis, les hémorrhagies, etc., sont autant de types morbides pouvant donner lieu à l'anémie. Il faut donc s'attendre, dans la chloro-anémie, à se trouver en face des symptômes propres à la maladie qui lui donne naissance, et de symptômes spéciaux à la chloro-anémie elle-même ; ceux-ci (réserve faite pour les souffles vasculaires) sont, à peu de chose près, ceux de la chlorose.

Il serait exagéré de dire que les eaux chlorurées sodiques sont *spécifiques* de toutes les anémies. Il est bien peu d'eaux minérales où on ne soigne

— et avec succès — des anémiques ; nous croyons qu'il faut distinguer, et que *tous* les anémiques ne sont pas *également* justiciables des eaux chlorurées sodiques fortes.

A. Robin, dans le travail que nous avons déjà cité, les divise en deux catégories : 1° les anémiques dont les échanges azotés et dont les oxydations sont diminués (ce sont les plus fréquents) et 2° les anémiques dont les échanges azotés et les oxydations sont augmentés.

Aux premiers, il est d'avis d'ordonner le fer et les bains salés, qui tous deux augmentent les échanges et les oxydations ; aux seconds, il conseille de donner l'arsenic qui les diminue, et de défendre le bain salé. Tout au plus pourra-t-on permettre le bain au quart. Peut-être aussi, dans ce cas, l'addition d'eau-mère viendrait-elle compenser l'action très légèrement suroxydante de ce bain.

Il faut, d'ailleurs, selon nous, tenir grand compte, dans le traitement thermal de l'anémie, des circonstances étiologiques ou constitutionnelles qui ont créé les troubles morbides ou les entretiennent. Il faut aussi, comme le fait remarquer Durand-Fardel, tenir compte de la prédominance de tels ou tels troubles fonctionnels. Partant de là, les chloro-anémies les plus justiciables de nos eaux, nous les trouvons dans les anémies *diathésiques* (G. Sée) : c'est l'anémie liée à la scrofule, au lymphatisme ; l'anémie des jeunes femmes, en rapport avec une atonie générale des tissus et des organes ; ou encore l'anémie s'accompagnant d'*aménorrhée* ou de *pauciménorrhée*. Dans tous ces cas, bains et douches salées, combinés ou non avec l'emploi de l'eau-mère, ont un effet des plus favorables. La spécificité d'action de nos eaux s'applique aussi aux autres espèces d'anémie, mais à un moindre degré.

VII

Maladies Nerveuses.

Nous mentionnerons ici la *neurasthénie*, la *paralysie atrophique de l'enfance*, la *chorée chronique*.

Dans certaines formes d'irritation spinale, de *neurasthénie*, survenant chez des sujets surmenés et, en particulier, dans la neurasthénie à forme spinale, les bains salés, additionnés ou non, suivant les cas, d'une certaine quantité d'eau-mère, sont très utiles. Mais ici encore, il est important de se préoccuper de l'état diathésique du terrain sur lequel évolue la maladie. Ce sont surtout les cas de neurasthénie greffée sur un fond lymphatico-scrofuleux (Professeur Grasset) qu'on doit envoyer à Biarritz.

Dans la *paralysie infantile* parvenue à la période de rémission, au moment où les phénomènes paralytiques, plus ou moins généralisés, tendent à se localiser dans un ou plusieurs groupes musculaires, nos eaux rendent de réels services. Par les bains pur sel, par les douches, on favorise la nutrition des parties malades et le retour de la contractilité musculaire. La médication salée constitue ici un adjuvant précieux des autres méthodes de traitement, en particulier de l'électrisation.

Tous ceux qui ont traité de la chorée, G. Sée en particulier, ont insisté sur ses relations avec l'arthritisme ou le rhumatisme d'une part, avec la scrofule d'autre part. Ce sont surtout les choréiques de la dernière catégorie qui sont passibles des eaux salées et en retireront le meilleur profit. Mais il est nécessaire que la maladie soit passée à l'état chronique.

AUTRES INDICATIONS

Nous venons de passer successivement en revue les principales indications des eaux chlorurées-sodiques fortes de Biarritz. Ajoutons, pour être plus complets, que ces eaux conviennent également aux *convalescents* de maladies graves ou d'opérations chirurgicales, à ceux atteints *d'atonie digestive ;* à tous les sujets *affaiblis* ayant besoin d'être fortement remontés ; à certains *diabétiques* et à certains *obèses*. Mais on ne saurait établir ici de règles générales ; c'est au médecin à bien étudier chaque cas particulier, à bien préciser la forme même de l'affection et à se souvenir que, s'il existe des maladies, il existe surtout des malades.

CINQUIÈME PARTIE

CONTRE-INDICATIONS

Les maladies organiques du cœur,

L'albuminurie avec anasarque,

La phtisie tuberculeuse,

L'asthme,

L'herpétisme avec manifestations cutanées, étendues et fréquentes, contre-indiquent l'emploi des eaux chlorurées sodiques. Mais les trois premières représentent des contre-indications générales à l'usage de presque toutes les eaux minérales, tout au moins de certains procédés balnéothérapiques. Elles n'ont rien de spécial à la station.

L'*asthme*, au contraire, constitue chez l'adulte une contre-indication spéciale à l'endroit des eaux salées. Il en est de même de l'*herpétisme*, mais la contre-indication est loin d'être aussi formelle que pour l'asthme et, comme les malades ont une trop grande tendance à se qualifier d'*herpétiques* pour le moindre bouton à la peau, nous tenons à préciser. Par herpétique, nous entendons désigner ceux qui sont sujets à des éruptions cutanées, se renouvelant souvent, et occupant une large surface du corps. L'analyse quantitative et qualitative des urines chez les malades qu'on désire envoyer aux eaux chlorurées sodiques fortes, fournira souvent de précieuses indications aux médecins. Il est important de ne pas les négliger.

TABLE DES MATIÈRES

PREMIÈRE PARTIE.

DEUXIÈME PARTIE.

TROISIÈME PARTIE.

QUATRIÈME PARTIE.

CINQUIÈME PARTIE

Imp. et Litho. A. Lamaignère. — Bayonne—Biarritz.

ETABLISSEMENT DES THERMES SALINS DE BIARRITZ

(Alimenté par les Eaux Salées Naturelles de Briscous).

PLAN DE L'ÉTAGE DES 1res CLASSES

Echelle de 0m002m par Mètre.

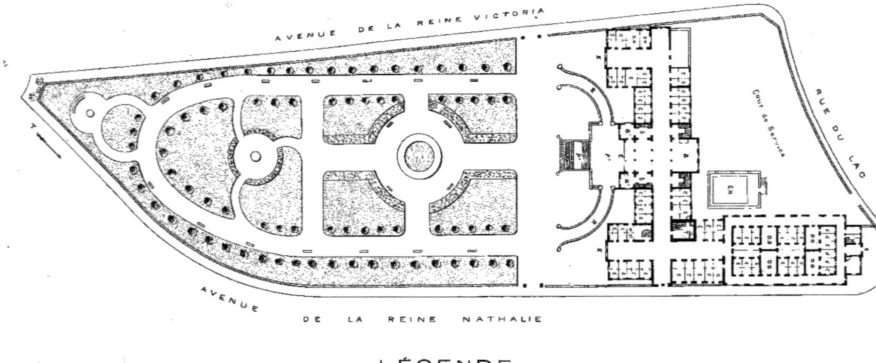

LÉGENDE

- C. Cabines de Bains.
- D. D. Douches d'eau douce.
- D. S. Douches d'eau salée.
- B. Bar buffet.
- b. b. Bureaux des billets.
- R'. Direction.
- T. Tour des bacs.
- D. M. Cabinets des Docteurs.
- P. Grand Perron.
- R. Rampes pour voitures.
- P'. Plate-forme.
- J. Jardin privé de l'Etablissemt.
- C. H. Chaufferie.
- T. Tramway de Bayonne à Biarritz.
- E. Grande entrée.
- e. Entrée provisoire.
- d. Deshabilloirs pour douches.
- K. Entrée pour les 2mes classes, sous l'étage des 1res classes ci-dessus.

www.ingramcontent.com/pod-product-compliance
Ingram Content Group UK Ltd.
Pitfield, Milton Keynes, MK11 3LW, UK
UKHW012235240726
13966UKWH00003B/1103

9 782012 891623